KB125566

주인공 빅뱅

주인공 빅뱅

초판 1쇄 발행 2015년 9월 1일

지 은 이 이원희
발 행 인 권선복
편집주간 김정웅
디 자 인 최새롬
마 케 팅 정희철
전 자 책 신미경
발 행 처 행복한 에너지
출판등록 제315-2011-000035호
주   소 (157-010) 서울특별시 강서구 화곡로 232
전   화 0505-613-6133
팩   스 0303-0799-1560
홈페이지 www.happybook.or.kr
이 메 일 ksbdata@daum.net

값 13,800원
ISBN 979-11-86673-11-9 03190

Copyright ⓒ 이원희, 2015

* 이 책은 저작권법에 따라 보호받는 저작물이므로 무단전재와 무단복제를 금지하며, 이 책의 내용을 전부
또는 일부를 이용하시려면 반드시 저작권자와 〈행복한 에너지〉의 서면 동의를 받아야 합니다.

행복한 에너지는 독자 여러분의 아이디어와 원고 투고를 기다립니다. 책으로 만들기를 원하는
콘텐츠가 있으신 분은 이메일이나 홈페이지를 통해 간단한 기획서와 기획의도, 연락처 등을 보
내주십시오. 행복에너지의 문은 언제나 활짝 열려 있습니다.

주 인 공 만
주 인 공 이
되어서는 안 된다!

주인공 빅뱅
Hero Big Bang

이원희 지음

행복한에너지

"사람은 누구나 인정받고 존중받고 싶어 한다."

과연 이 말에 "나는 아니다."라고 말할 수 있는 사람이 있을까? 예수나 석가처럼 신의 경지에 오르면 모를까. 사람이라면 누구나 이 말에 수긍할 수밖에 없을 것이다. 하나님마저도 자신이 가장 사랑받기를 원해 자신 이외의 다른 신을 섬기지 말라고 했다. 세상의 모든 일은 나를 중심으로 일어나고, 우리는 내가 속한 사회 속에서 인정받고 존중받기 위해서 살아간다고 해도 과언이 아니다.

사회 속이라고 얘기하면 좀 막연하게 여겨질지 모르지만 자신의 주변으로 국한해서 생각해보면 분명해진다. 필자만 하더라도 아내에게 인정받고 싶고 자녀들로부터 인정과 존중을 받기를 원하며 내가 소속된 각종 단체인 교회, 직장에서도 인정받고 존중받고 싶어 한다. 이처럼 우리는 태어나면서부터 관계 속에 놓이고 되고 그 관계 속에서 관심 받기를 바라면서 살아간다.

"사람은 그 자체로 소중하고 가치 있는 존재이다."라는 얘기를 많이 듣는다. 이 말을 들으면 잠시 고개가 끄떡여지지만 현실을 돌아보면 실제로 그렇다고 공감하기는 힘들다. 세상은 늘 기준에 의해 서로를 비교하고 있고 그 비교의 잣대 속에서 자신을 비춰볼 수밖에 없기 때문에 절대적인 기준으로 나 자신에 대해 '그 자체로 소중하고 가치 있다'고 생각하기 힘든 것이다. 나를 통해서 세상을 바라보는 것이 아니라 세상을 통해서 나를 바라보고 다른 사람의 눈으로 나를 바라보기 때문에 나의 가치를 상대적으로 비교하게 되고 그 결과에 따라 우월감을 느끼기도 하고 열등감을 느끼기도 하는 것이다.

사실 이렇게 남의 눈을 통해서 나에게 주어지는 우월감과 열등감은 나의 것이지 남이 그렇게 평가한 것이 아니다. 실제의 내가 어떤 평가를 받았는지는 그 사람에게 모두 확인하지 않는 한 그리고 그 사람이 솔직하게 얘기해 주지 않는 한 알 수 없는 일이다. 다른 사람이 나를 어떻게 평가했든지 간에 그것은 내가 바꿀 수 있는 부분이 아니다. 그렇다면 결국 내가 나를 어떻게 생각하느냐만 남게 되는 것이다.

"내가 나를 어떻게 평가해야 하느냐?"에 대한 잣대를 구해 본다면 그 잣대는 '자신에 대한 객관적인 판단'이 되어야 할 것이다. 스스로를 과대평가하면 '자기애'에 빠져 공감능력이 떨어지게 되고, 스스로 과소평가하면 '자존감'이 낮아져 현실에 위축될 뿐 아니라 자기 비하나 우울증에 빠질 수도 있다. 이처럼 자신을 객관적으로 판단하는 것이 쉽지 않기 때문에 어느 정도는 자기 착각에 빠지게 되거나 또 어떤 경우는 낮은 자존감에 괴로워하게 되는 것이다.

사람이 객관적일 수 있을까? 어떤 판단이든 나를 통해서 이루어지기 때문에 100% 완벽하게 객관적으로 판단하는 것은 어려울지 모른다. 그렇더라도 상대적으로 자신에 대해 더 객관적인 판단을 내리는 사람이 있는 것도 사실이다. 자신에 대해서 객관적인 판단을 내리는 사람일수록 자신의 부족함을 인정할 줄 아는 사람이기도 하다. 사람의 성장은 끝이 없기 때문이다. 또 그런 사람들이 상대에게 더 존중받고 인정받게 되는 것은 말할 것도 없다.

여기서 말하는 성장은 육체적인 성장을 말하는 것이 아니라 의식 성장으로 표현되는 정서적·지적·영적·인격적 성장을 말한다. 성장하고자 하는 노력 여하에 따라 현재 지금의 나보다 지속적으로 보다 나은 나로 변화할 수 있는 것이다. 죽을 때까지 나아지고 있는 나! 그리고 나에 대한 판단이 점점 더 객관적으로 되고 있는 나로 살면 되지 않을까? 이렇게 살면 스스로도 '소중하고 가치 있는 존재'라고 여길 수 있지 않을까 싶다.

필자 역시 세상에서 바라보는 나에 대해 스스로 위축되기도 하고, 사회에서 인정하는 껍데기를 가지고 우쭐대기도 했다. 그러나 어느 순간 이런 생각을 했다. '사회가 만들어 놓은 잣대로 나를 봐야 한다면 그 잣대에 의해 앞자리를 차지하고 있는 몇 % 이외의 사람은 다 불행하게 되는 게 아닌가?'

그런데 그 잣대란 것이 사실은 사람이 살아가는 본질과는 동떨어진 것이라면 우리는 그 잣대에 의해 불행하게 생각하는 그 자체가 잘못될 수도 있겠다는 생각을 하게 되었다. 사람은 누구나 소중하고 가치 있는 존재여야 하는데, '이건 아니다.' 싶었다. 모든 사람이 행복해지고 모든 사람이 소중하게 여겨지고 또한 모든 사람이 가치 있는 존재가 되는 방법은 없을까? 꽉 짜인 틀 속에서 하루하루 일상에 쫓겨 사는 동안 꿈을 잃어버리고 현재의 위치마저 불안해하며 그저 그런 기계의 부품으로 변해가는 우리 모습을 보며 이 글을 쓰게 되었다.

'성장하는 삶' 이것은 나의 변화를 전제로 한다. 지금보다 더 나은 삶을 향한 지속적인 변화가 나를 성장시켜 준다. 그리고 그 삶을 통해 존중받고 인정받는 나로 변화해 나가는 것이다. 그렇지만 변화하는 것이 어디 쉬운 일인가?

사람은 남에 의해 바뀌기 힘들다. 가까운 친구나 배우자가 하는 얘기에는 오히려 반대로 행동하는 경우도 많다. 자신이 스스로 바꿀 때는 스스로 느끼고 인정할 때뿐이다. 사람은 스스로 느끼고 인정할 때마다 조금씩 바뀌는 것이다. 따라서 자신을 현재보다 바람직한 새로운 나로 바꾸는 최고의 방법 중 하나는 바로 독서다. 독서를 통해 우리는 지속적인 성장을 추구할 수 있다.

우리 각자에게 주어진 재능은 이미 정해진 채로 삶을 시작하는 수밖에 없다. 좀 더 좋은 조건의 재산, 지능, 외모, 체력을 갖고 인생을 시작하고 싶지만 이는 어쩔 수 없다. 그렇지만 같은 조건이라도 어떻게 살아가느냐에 따라 그 조건이 자신에게 플러스가 될 수도 마이너스가 될 수도 있다. 그래서 우리에겐 열정적인 삶이 필요하다. 열정적인 삶이 이미 정해진 나의 삶의 조건을 나에게 유리한 쪽으로 바꿔주기 때문이다.

열정이 나를 위해 가져야 할 태도라 하면, 소통능력은 다른 사람과의 삶을 위해 가져야 할 중요한 능력이다. 다른 사람과의 관계에서 소통, 특히 공감적 소통능력은 대인관계의 전부라고 할 수 있을 정도로 중요하다. 다른 사람과의 관계에서 일어나는 문제의 대부분은 바로 소통의 부재와 미숙한 소통에서 일어난다.

열정적인 삶과 훌륭한 소통을 동반한 좋은 대인관계 역시 지속적인 개인 성장을 통해서 이루어질 수 있다. 이러한 성장을 든든하게 지켜주며 담보해 주는 가장 좋은 방법 중 하나가 바로 독서를 통한 자신의 변화 추구인 것이다.

오늘날 기업의 도전은 끝이 없다. 마치 막다른 벽을 향해 질주하는 기차를 연상케 한다. 더 이상 불가능할 것만 같은 성과와 혁신들이 여전히 발생하고 있고 그 가운데 수많은 사람들이 새로운 자리에 오르고 매스컴을 장식하지만 한편에서는 또 수많은 사람들이 무대 뒤편으로 조용히 도태되어 사라져 간다. 신자유주의 풍조 속에서 과연 사람들은 사람으로서 존중받고 있는 것인가? 아니면 철저히 도구로 전락하고 있는 것인가?

지금도 수많은 기업에서는 "경영은 사람이다."라고 외치고 있지만 궁극적으로는 일에 집중하며 사람은 뒷전으로 밀리고 있다. 필자가 맡아 경영해 온 콜센터는 2,000명이 넘는 '사람'으로 이루어진 대규모 조직이었지만 '일'만으로 경영해 오면서 '일' 잘하는 몇 명만 주인공이 되는 조직에서부터 '사람' 모두가 주인공이 되는 조직을 꿈꾸며 '북새통(책으로 새로워지는 소통)'이라는 독서경영을 시작하게 되었다.

게리 하멜의 '경영의 미래'를 비롯한 많은 경영서들이 추구하는 최후의 경영방법들은 사람 그 자체에 집중하는 것에 생각을 같이하고 있다. 기업 속에서 사람이 사람답게 대우받고 인정될 때 그 기업은 최대의 성과를 낼 수 있다는 것이다. 모든 직원들이 주인공 되는 직장이 곧 사람이 사람답게 인정받는 조직인 것이다. 북새통 프로그램의 궁극적인 목적은 모든 구성원이 주인공이 되는 것이다.

수많은 자기계발서가 서점에 깔려있는데도 불구하고, 글솜씨도 부족한 필자가 이 책을 내는 것은 상위 몇 %만 주인공 되는 세상이 아닌 평범한 직장인이 그리고 보통의 엄마와 아버지가 주인공 되는 세상을 만들고 싶다는 조그만 소망 때문이다. 점점 더 살기 힘들어지는 세상에서 우리 모두가 주인공 되는 삶을 살고자 하는 마음으로 이 글을 쓰게 되었다.

회사직원의 의식 성장 이야기가 책이 되기까지 함께 노력해온 북새통 프로그램 책임자 배수진 님, 인사팀장 송일한 님 그리고 텔레닉스의 북새통 실천을 위해 몸소 더 많은 책을 읽고 실천해온 조직장 민병하 님, 장철수 님, 송영문 님, 반진현 님과 그리고 센터장, 파트리더들에게 감사를 드리며 어떤 순간에도 든든한 지지로 용기를 주고 힘이 되어주는 아내 그리고 두 아들과 함께 이 책의 탄생을 기뻐하며 나

부터 어떤 순간과 환경에서도 지속적인 성장하는 삶을 살 것을 다짐
하며 이 글을 시작한다.

이윌희 씀

목차

· 4편 ·
북새통경영의 실제

1편

·

소중한 나

·

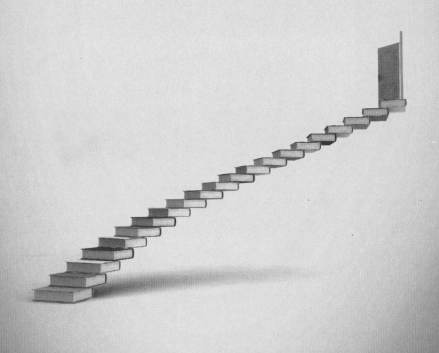

인정받고 싶다

"
나는 내 인생에서 가장 중요한 사람이지만
세상의 중심은 아니다.
– 베르밸 바르데츠키 –
"

내가 세상에서 제일 소중하다. 나보다 더 잘생기고 더 멋진 사람이 부럽기는 하지만 그래도 내가 제일 소중하다. 혜민 스님은 자기가 좋아하는 연예인과 찍은 사진을 볼 때도 연예인보다 자신을 먼저 보게 된다고 한다. 자신의 얼굴이 잘 나왔을 때만이 옆에 같이 찍은 연예인의 얼굴이 의미가 있기 때문이다. 객관적인 나는 보잘것없고 별 볼 일 없는 존재일 수 있어도 내가 제일 소중하다는 것은 누구도 부인할 수 없다.

나란 사람 그 자체로 소중하지만 우리는 사회 속에서 나를 판단하게 되므로 사회의 기준에 비추어 나를 평가하게 된다. 그래서 우리는 세상으로부터 존중받고 인정받을 때 기쁘고 그렇지 못할 때 힘들게 된다. 남으로부터 존중받고 인정받고 싶어 하는 것은 분명히 남을 의식하는 삶, 극단적으로 보면 남에게 종속되는 삶에 속할 수 있지만 이로부터 초월하여 살기는 쉽지 않다.

마찬가지로 상대도 자신이 제일 소중하다. 내가 나를 가장 소중히 여기는 것처럼 상대도 자신을 가장 소중하게 생각한다. 이렇게 생각해보면 세상 속에서 잘살 수 있는 방법은 의외로 간단하다. 상대 얘기를 잘 들어주고 상대를 존중해주고 상대가 인정받도록 해주면 된다. 이렇게 쉬운 데도 불구하고 세상 속의 관계는 늘 서로를 존중하고 인정하지 못하고 갈등 속에 있게 되는 걸까?

이것은 결국 자신이 더 소중하기 때문이다. 상대의 가치도 중요하다는 것을 안다고 하더라도 내가 더 중요하기 때문이다. 우리가 사는 세상은 이렇게 모두 자신이 제일 중요하다고 생각하는 사람들이 모여 있는 곳이다.

이렇게 세상은 스스로를 최고로 여기는 사람들끼리 사는 곳이지만 상대가 자신의 생각대로 움직이길 원하며 산다. 집에서는 나의 배우자와 자녀들이 내 생각대로 움직이면 좋겠고, 회사에서는 직원들이 내 생각대로 내가 계획하는 대로 행동했으면 하고, 내가 소속한 각종 단체 구성원들도 내 말을 잘 들어 주고 내가 생각하는 대로 따라 주었으면 좋겠다고 생각한다. 그런데 실상은 어떤가? 내 생각대로 되는 경우보다 그렇지 않은 경우가 훨씬 더 많다는 것을 알 수 있다.

우리는 저마다 다 다르고 또 자신이 제일 중요하다고 생각해서 각자 자신의 생각대로 세상이 움직여지기를 원하고 있기 때문이다. 이

것이 바로 리더십이다. 어떤 조직의 책임자만이 리더십을 갖는 것이 아니다. 넓은 의미로 보면, 사람은 태어나면서부터 마주하는 상대에 대해 리더십을 구사한다. 자신의 뜻대로 자신의 계획대로 상대를 움직이게 하고 싶어 하는 것이다. 모든 사람은 다른 모든 사람에게 자신도 모르는 가운데 리더십을 행사하면서 살아간다.

아주 오랜 과거에는 다른 사람을 자신의 뜻대로 따르게 하는 방법은 비교적 간단했다. 일차적으로 물리적인 힘이 가장 큰 역할을 했다. 지금도 신체적으로 상대보다 월등한 사람이면 상대를 움직이는 데 도움이 되기도 한다. 현대에 와서는 그 힘이 돈으로 변했다. 돈이면 다 되는 세상이라고 할 정도로 돈만 있으면 어지간한 문제를 쉽게 해결할 뿐 아니라 상대를 움직이는 데도 큰 효과를 발휘한다. 그렇지만 돈으로도 남을 내 마음대로 할 수 없는 것이 있다. 그것은 '진심'이다. 겉으로는 따르게 할 수 있지만 상대의 진심까지 따르게 할 수는 없다.

쉬운 예로 "사람을 살 수는 있지만, 사랑은 살 수 없다."라는 말이 있지 않은가? 아무리 돈이 모든 것을 결정하는 세상이 되었지만 사람의 진심을 살 수는 없는 것이다. 이처럼 물리적인 힘이나 돈은 다른 사람을 나의 생각대로 따르게 하는 데 중요한 수단이기는 하지만 진심으로 나를 따르게 할 수는 없는 것이다. '진심으로 나를 따르게 하고 싶은 것' 그것이 바로 내가 존중받고 인정받고 싶어 한다는 다른 표현이다.

예를 들어, 여러분들이 소속된 조직이나 사회에서 자신의 리더로 있는 사람을 생각해 보라. 어떤 사람들에게는 내가 받는 돈만큼 혹은 그것보다 덜하게 행동하고 싶은 분들이 있지만, 어떤 분들에게는 내가 특별히 받은 것도 없는데 나의 모든 것을 바쳐서 최선을 다하여 돕고 싶은 리더가 있지 않았는가? 그런 분들의 리더십을 닮고 싶고, 우리들도 그런 사람이 되고 싶어 하는 것이다.

우리가 남에게서 존중받고 인정받는 방법은 다른 사람이 나의 생각처럼 행동해주는 것이고 다른 사람의 생각이 나의 생각대로 변화해주는 것이다. 다른 사람의 생각을 나의 생각대로 바꾸는 지혜를 러시아의 대문호 톨스토이는 다음과 같이 우리에게 주었다.

> 66
> 누구나 세상을 바꿀 생각을 하지만,
> 자신을 바꿀 생각을 하는 사람은 없다.
> – 톨스토이 –
> 99

톨스토이의 이 말은 남을 바꾸려고 하기 이전에 자신을 먼저 바꾸어야 한다는 뜻이다. 그렇지만 사람은 잘 변하지 않는다. 그래서 회사에서 사람을 선발할 때도 처음부터 적합한 사람을 뽑기 위해서 많은 시간을 투자해야 한다고 한다. 일단 입사하고 나면 그 사람을 바꾸기가 힘들기 때문이다. 그리고 사람은 다른 사람에 의해 잘 변하지 않는다. 특히 자신과 밀접한 관계에 있거나 경쟁관계와 같이 나와 직접적인 이해관계에 있는 사람일수록 더더욱 내 생각대로 변하지 않는다. 심지어는 가정에서 아내나 남편은 상대방이 바라는 변화의 반대 방향으로 행동하는 경우도 있다. 그만큼 사람들을 변화시키기란 쉽지 않다.

이것을 좀 더 일반적으로 적용해 보면, 상대가 나를 존중하고 인정해 주길 원한다면 내가 그렇게 해 주면 되고, 상대가 나를 배려해 주길 바란다면 내가 먼저 그렇게 해 주면 된다. 자기가 최고인 서로 다른 사람이 모여 살면서 상대를 내가 원하는 대로 만드는 방법은 내가 변하는 방법밖에 없는 것이다.

그렇지만 남의 변화를 전제로 내가 변화하는 일은 실패하기 쉽다. 즉, 아들이 책을 읽게 하기 위해서 내가 책을 읽을 것이 아니라 책을 읽는 일은 좋은 일이고 나의 성장에 도움이 되는 일이므로 그냥 읽는 것이다. 내가 그냥 변하는 것이다. 그러면 내가 변화하기를 원하는 상대는 점차 변할 수도 있고 그렇지 않을 수도 있다. 그렇지만 그것을 기대하면서 자신이 변화해서는 안 된다는 뜻이다.

이러한 나의 변화는 결국 나의 성장을 가져온다. 남의 변화를 위해 내가 먼저 변하는 일이 결국에는 나의 성장으로 귀착된다는 뜻이다. 내가 성장하는 일인데 상대가 변화하지 않아 억울해서 내가 변화하지 않을 수는 없는 노릇이다. 오히려 즐기면서 내가 먼저 변화해야 한다. 변화된 나와 함께 변화된 상대, 결국 내가 원하는 대로 움직이고 있는 상대를 발견하게 될 것이다.

보이는 삶으로부터 해방

"
세상의 답안지로 자신을 채점하지 말라.
당신이 추구하는 가치로 당신을 채점하라.
– 김새해 –
"

　나의 혈액형은 A형이다. A형인 사람을 한 마디로 '소세지'라고 정의하면서 '소심하고 세심하고 지랄 같다'고 A형을 설명하면 슬그머니 고객을 끄떡인 적이 있다. '지랄 같다'는 부분은 크게 동의하고 싶지 않지만 소심하고 세심하다는 부분은 어느 정도 맞는 것 같다. 이뿐 아니라 여러 성격 검사에서도 나는 성격 탓인지 다른 사람을 의식해서 행동을 하는 유형으로 분류되는 경우가 많았다.

　다른 사람의 눈을 전혀 의식하지 않고 살 수는 없는 법이다. 인간은 사회적 동물이라고 하지 않던가? 다른 사람에게 피해를 주면서까지 내가 편하고 좋은 방식으로만 행동해서는 안 될 것이다. 그런데 다른 사람에게 피해를 주는 일이 아닌데 내가 상대를 지나치게 의식해서 스스로 위축되거나 자신감을 잃어버리는 태도도 문제가 있다.

그리고 다른 사람에게 잘 보이기 위해서 또는 다른 사람보다 나은 점을 보이기 위해서 노력하는 일이 잘못된 것도 아니다. 어차피 세상은 태어나면서부터 남과의 경쟁을 피할 수 없다. 학업에서의 경쟁은 말할 것도 없고 배우자를 선택하는 과정에서도 매력 경쟁이 일어난다. 회사에서는 더욱더 극심한 경쟁이 일어난다. 이런 경쟁 속에서 승리하면서 기쁨을 느끼고 또 패배하면서 좌절하고 어려움에 처하기도 한다. 이런 과정에서 남을 의식하지 않고 자기 자신만의 세계를 간직하고 자신을 유지해 나가기란 쉽지 않다.

이처럼 극심한 경쟁이 아니라 경쟁이 없는 평온한 사회에서 살고 싶지만 불행히도 현대사회는 점점 더한 경쟁으로 치닫고 있는 양상이다. 이것은 구조적인 문제이므로 개인이 당장 어떻게 할 수 있는 부분이 아니다. 현재 사회가 내세운 가치, 지금 내가 살고 있는 사회가 요청하는 기준에 맞추려고 노력하며 사는 것이 우리들의 모습이다.

이런 발표가 있었다. 우리나라에서 중산층에 속하려면 다음과 같은 수준은 되어야 한다고 한다.

1. 부채 없는 아파트 30평 이상 소유하고
2. 월 급여 500만 원 이상이고
3. 자동차는 2,000cc 중형차 이상을 소유하며
4. 예금액 잔고가 1억 원 이상이 되어야 하며

5. 1년에 한 번 이상 해외여행을 다녀야 한다.

이상에서 보듯 한국에서 말하는 중산층의 기준은 간단하다. 따로 외울 필요가 없다. 모두 돈과 관련되는 것이고 모든 항목을 돈으로 환산해서 하나로 표현해도 문제가 없기 때문이다. 중산층 기준은 오직 하나, 바로 돈이다. 이런 기준을 가진 나라에 사는 국민들은 당연히 그 기준, 즉 돈이 적은 국민들은 스스로 위축될 수밖에 없다. 물질적인 우위가 다른 모든 판단 기준에서 중요한 요인으로 작용한다. 돈이 많으면 불편하지 않은 삶을 살 수 있다. 돈으로 모든 것을 해결할 수 없지만 적어도 우리가 숨 쉬고 살고 있는 이 땅에서는 돈이 사람을 판단하는 가장 큰 기준이 되고 있는 것이다.

그렇지만 우리나라가 만들어 놓은 그 기준이 다른 나라에도 적용되는 공통 기준일까? 그렇지 않다. 여기서 다른 몇 나라에서 말하는 중산층 기준을 살펴보자. 영국 옥스포드 대학에서 제시했다는 영국의 중산층 기준을 보면, 페어플레이를 하는 것, 자신의 주장과 신념을 가지는 것, 독선적으로 행동하지 않는 것, 약자를 두둔하고 강자에 대응하는 것, 불의·불평·불법에 의연히 대처하는 것이라고 한다. 영국에서의 중산층 기준에는 돈만으로 이룰 수 없는 것들이 중심이 되어 있는 것을 알 수 있다. 이 내용을 알게 되면 돈만으로 규정되어 있는 한국의 중산층 기준에 나의 자존감이 낮아질 이유가 없게 되는 것이다.

그리고 프랑스 퐁피두 대통령이 '삶의 질'에서 정한 프랑스 중산층의 기준을 보면, 외국어를 하나 정도는 할 수 있고, 직접 즐기는 스포츠가 있고, 다룰 줄 아는 악기가 있으며, 남들과는 다른 맛을 낼 수 있는 요리를 만들 수 있으며, 사회적 '공분'에 의연히 참여하는 것, 약자를 도우며 봉사활동을 꾸준히 하는 것이라고 한다.

어떤가? 나라에 따라 그 사회가 제시하는 그 사회 구성원이 생각하는 중산층 기준이 이렇게 다르다. 우리나라가 경제적으로는 프랑스나 영국과 비슷한 나라가 되었을지도 모른다. 그러나 그 사회에서 요구하는 중산층의 기준을 보면 우리 사회에서 중요시하는 것이 다른 사회에서는 중요한 가치로 여겨지지 않을 수 있다는 사실을 알 수 있다.

이렇게 우리의 시각을 넓혀 보면 정작 무엇이 중요한 가치가 되어야 하는지에 대한 생각도 넓혀 볼 수 있다. 어쩌면 우리는 우리도 모르는 사이에 사회가 만들어 놓은 잘못된 잣대에 의해 우리의 자존감을 잃어버리고 있을지도 모르는 것이다. 우리가 남을 의식하지 않고는 살기 힘들다. 늘 관계 속에서 놓여 있기 때문이다. 그렇지만 잘못 만들어진 기준에 의해 나의 자존감을 잃어버릴 이유는 없는 것이다.

그렇지만 필자를 포함해 대부분 사람들은 현재 사회가 만들어 놓은 잣대나 남의 시선에서 완전히 자유롭지는 못한 것 같다. 필자도 어릴 때부터 가난하고 어려운 가정에서 자라오는 동안 오직 부자가 되는 길이 성공의 유일한 길인 양 살아온 것 같다. 어쩌면 우리나라처럼 기본욕구 충족에도 급급했던 전근대 시대를 거쳐 오면서 잘살아 보자는 기준이 모든 다른 기준을 유보할 정도로 절대적인 삶의 기준이 된 것은 당연했다고 볼 수 있을 것이다. 그렇지만 이제는 기본적인 물질 욕구 충족은 어느 정도 해결된 시대에 살고 있다. 이런 환경 속에서도 우리는 여전히 물질적인 가치만이 전부인 양 서로를 비교하는 잣대가 되어서는 안 되는 것이다.

남과의 비교에서 가장 대표적인 것이 주거평수, 자동차, 명품, 재산 등으로 표현되는 부의 정도가 되지만 이외에도 남과 비교에 의해 나의 삶이 위축되는 사례는 많다. 직장에서는 직책이나 직위, 상대와의 외모 비교, 지능지수에서부터 심지어 남성들은 주량을 가지고도 서로 비교하면서 우월감을 갖기도 하고 열등감에 힘들어하기도 한다.

　필자는 40대 초반에 임원이 되었다가 회사를 나오게 되었는데 그 당시, 그때까지 걸치고 있던 임원이란 신분이 주는 껍데기에 의해 한참을 고생했던 기억이 난다. 이전의 나를 바라봤던 사람들의 시각에 의해 현재의 나를 위축되게 만들고 있었던 것이다. 사실은 이전의 나와 함께했던 사람들은 나의 현재에 대해 거의 관심이 없었을 텐데 여전히 나는 과거의 나에 집착하면서 남에 의해 보이는 나로 살면서 더 자유롭지 못한 삶을 살아온 것이다.

　요즘 여성들이 결혼 연령이 자꾸 늦어지고 또한 결혼을 생각하지 않는 여성들도 많아지고 있는 것 같다. 결혼이 늦어지는 이유도 여러 가지가 있겠지만 여기에도 남을 의식하는 삶에서 비롯된 부분도 있다고 본다. 특히 남녀평등이 일반화되면서 과거의 여러 남성 프리미엄, 예를 들어 승진과 직급에서의 혜택이나 남성 위주의 채용과 같이 남성에게 유리한 관행이 사라지면서 오히려 의무적으로 군 복무를 마쳐야 하는 남성이 여성보다 더 낮은 위치에 놓이는 경우가 많아졌다. "내가 이 나이에 결혼하면서 남자가 이 정도는 되어야지."에서부터 "이 나이에 결혼하면서 중형차는 있어야지.", "이 정도 평수의 집은 있어야지.", "연봉이 이 정도는 되어야지."라고 하면서 자신에게 맞는 사람(남의 눈에 비춰볼 때 자신에게 맞는 사람)을 찾다 보니 결혼이 힘들게 되는 것도 있는 것 같다.

남을 의식하지 않고 나의 삶을 사는 방법은 없을까? 이 역시 내가 변하는 수밖에 없다. 이전의 가치 기준에 의해 살던 나를 새로운 가치 기준에 의해 사는 나로 변화시켜 나갈 수밖에 없다는 말이다.

새로운 가치 기준에 의해 살면 나를 둘러싼 껍데기에 의해 좌우되는 삶이 아니라 진정한 나를 발견하고 진정한 나에 의해서 새롭게 매겨지는 새로운 잣대에 의해 나의 삶을 살 수 있게 된다. 먼저 진정으로 아끼고 사랑할 수 있는 소중한 가치 기준을 정립해야 하고 그 기준에 의해 삶을 살아야 진정한 나의 삶을 살게 되고 남을 의식하는 삶에서 벗어날 수 있다.

자존감을 갉아먹는 두 녀석

나의 자존감은 어떤가? 자존감과 자존심은 다르다. 자존심은 타인이 나를 존중하고 받들어 주길 바라는 마음이지만, 자존감은 타인과 상관없이 내가 나 스스로를 존중하는 마음이다. 즉 타인을 의식하느냐 하지 않느냐의 차이다.

또한 자존감과 나르시시즘이라고 하는 자기애와는 다르다. 자기애가 심하면 공감능력이 떨어진다. 자기 속에 자신밖에 없어 남의 불편을 의식하지 않는다. 자기애의 정도가 심해 타인을 배려하지 않는 사람들은 종종 다른 이들의 눈살을 찌푸리게 한다. 소중한 자신의 다리가 아프지 않도록 연로한 분들이나 임산부들을 밀쳐내고 먼저 자리에 앉는다거나, 다 같이 일을 분담하는데 혼자서만 손 하나 까딱하지 않는다거나, 자신의 만족을 위해 남들은 아랑곳하지 않고 예절에 맞지 않는 옷차림을 한다거나 하는 등 타인에게 불편을 주는 일을 하게 된다.

한편으로는·'내 자식에 대한 사랑'이라는 이름으로 둔갑하는 자기애도 있다. 내 아이가 공공장소에서 떠들거나 다른 사람에게 피해를 입혀도 아이를 나무라기보다는 오히려 상대방을 탓하는 경우를 주변에서 흔히 볼 수 있는데, 이는 자기 자신을 직접적으로 위하는 일은 아니더라도 타인을 배려하지 않는다는 측면에서 건강하지 못한 자기애의 변형된 모습이다.

하지만 자존감은 다르다. 자신의 가진 능력을 있는 그대로 받아들이고 그것을 소중히 여기는 태도다. 남과 비교하여 그 수준이 낮다고 실망하거나 좌절하지 않고 그 나름대로 의미를 찾으며 더 바람직한 방향으로 개발하려고 노력하는 태도다.

우리의 자존감은 사회적 환경으로 인해 많이 영향을 받는다. 사회적 환경은 내가 마음대로 변하게 할 수 있는 것이 아니다. 그렇다면 내 생각을 바꾸는 수밖에 없다. 그러나 내 생각 역시 환경에 지배되기 때문에 이 역시 쉽지 않다. 그래서 더더욱 자신의 정체성을 확립하고 자신감을 가질 수 있도록 자신을 변화시켜 나가야 한다.

우리의 자존감에 영향을 주는 환경 중 대표적인 것 중 하나가 앞에서 말한 바 있는 '부의 크기'로 사람을 평가하는 부분이다. 우리는 돈을 많이 가진 사람 앞에 주눅이 드는 경향이 있다. 우리를 둘러싼 환경이 그리고 내가 지금까지 자라온 환경 속에서 나도 모르게 '돈'이 순위를 결정하는 세상 속에 살아왔기 때문에 그렇게 되는 것이다.

하지만 경제적인 규모나 부의 정도가 행복의 순위를 결정하지 않는다는 것은 여러 조사에서 쉽게 볼 수 있다. 앞서 중산층의 기준을 살펴보면서 얘기했듯이 세상에는 부가 아니고서도 가치 있는 것이 많이 있다. 돈이 아니라 정의, 신념, 가치, 나눔, 페어플레이 같은 것이 사회에서 진정으로 존중받는 사람들의 기준임을 인식하게 되면 우리는 부의 크기로 인해 위축된 내 자존감을 회복할 수 있는 것이다.

> "
> 무지(無知)와 부(富)가 만나면
> 천박(淺薄)이 드러난다.
> – 쇼펜하우어 –
> "

또, 우리의 자존감을 갉아 먹는 큰 부분 중 하나는 아이큐로 표현되는 두뇌 수준이 아닐까 싶다. 반드시 연결되는 것은 아니지만 이 부분은 학력 수준으로까지 확장된다. 우리는 은연중에 자신이 아이큐가 좋음을 증명한다. 내가 아니면 내 형제 중에, 혹은 내 자녀를 통해서, 혹은 내 친척을 통해서 아니면 나의 지난 시절의 어떤 면을 부각해서라도 스스로 아이큐가 좋음을 증명하려 애쓴다. 이것 또한 우리 사회가 머리 좋은 사람, 학력 높은 사람이 인정받는 환경으로 되어 있기 때문이다.

우리가 세상을 살면서 아이큐가 차지하는 부분이 얼마나 될까? 적지 않는 영향을 준다고 볼 수도 있다. 그렇지만 부모로부터 물려받은 아이큐를 바꿀 수는 없는 노릇이다. 그리고 세상은 아이큐가 좋은 순서대로 사는 것도 아니다. 아이큐도 높고 높은 학력도 가지면 좋겠지만 현재 내가 그렇지 않은 사람이라고 해서 나의 자존감을 잃을 필요는 없다는 것이다.

그리고 학력은 필요할 때 갖추는 것이 더 중요하다는 것이 필자의 생각이다. 한 살이라도 어릴 때 공부할 수 있으면 좋겠지만 시기를 놓쳤다고 실망하지는 말자는 뜻이다. 진짜 공부는 자신이 도전하면서 필요한 학문을 공부할 때 하는 공부가 아닌가 생각한다. 스스로 동기부여가 되어 하는 공부가 의미도 있고 더 좋은 결과를 가져올 것이기 때문이다.

무엇이든 내가 돈을 내고 할 때 열정이 생긴다. 초·중등학교에서 배운 공부는 의무교육에 해당하며 내가 아닌 누군가의 돈으로 행해지는 공부이기 때문에 어떻게 해서든지 빠지면 즐겁다(물론 간혹 그렇지 않는 학생들도 있기는 하지만). 그렇지만 내가 성인이 된 후 현재 하고 있는 일을 더 잘하기 위해서 혹은 새로운 일에 도전하기 위해서 내 돈을 지불하면서 하는 공부는 빠질 수가 없다. 진짜 필요한 공부이기 때문이다. 공부는 자기가 필요할 때 하는 공부가 진짜 공부이다. 이런 공부를 하다 보면 학력은 저절로 갖춰진다.

필요하다면 얼마든지 도전할 수 있는 세상이다. 요즘처럼 필요한 학력을 만들기 좋은 세상이 어디 있었는가? 그래서 학력으로 인해 자존감이 떨어진다면 지금부터라도 채우면 될 일이고, 학력이 낮다고 자존감이 떨어질 일도 아니다. 자존감 문제도 역시 내가 어떤 가치 기준을 갖느냐에 따라 좌우된다고 볼 수 있다. 부에 대한 나의 생각, 아이큐나 학력에 대한 나의 가치관이 정립되면 이런 것들로 인해 나의 자존감이 쉽게 흔들리지 않는다.

자존감을 갉아 먹는 두 녀석을 한 번에 날려버리는 유일한 방법은 나의 의식 성장과 더불어 나의 가치관이 확립될 때이다. 사람은 누구나 지금보다 더 나은 사람이 되고 싶어 하고, 더 나은 인생을 살고 싶

어 한다. 그리고 다른 사람들이 관심을 가져주길 칭찬해 주길 기대한
다. 그런데 자존감이 약한 사람들은 그런 기대가 실현되지 않으면 자
신은 존재 가치가 없는 것이라는 극단적인 생각의 함정에 빠진다.

이런 나의 소중한 자존감이 부와 아이큐(학력)란 녀석 때문에 상처
받지는 말자.

> 66
> 너는 나에게 상처를 줄 수 없다.
> – 배르벨 바르데츠기 –
> 99

의미가 나를 바꾼다

> **"**
> 삶의 의미는 발견하는 것이 아니라
> 만들어 가는 것이다.
> − 생텍쥐페리 −
> **"**

직장인들이 가장 열정적인 모습을 보일 때가 언제일까? 우리는 언제 다른 사람의 시선을 의식하지 않고 자신의 전부를 투입하면서 열정을 쏟게 될까? 자신이 좋아하고 하고 싶은 일을 할 때이다. 직장 속의 우리들의 모습은 어떤가? 어떤 사람들은 정말 자신이 하고 싶어 하는 일을 하는 사람도 있을 것이다.

그러나 상당수의 사람들은 매월 받게 되는 급여를 위해서 하루를 보내고 있을 것이다. 나의 일이 아니라 남의 일을 하고 있는 것이다. 무슨 일이든 내 일을 할 때 신나고 재미있고 의미가 있기 마련이다. 남의 일을 한다고 생각하는 순간, 더군다나 월 급여가 정해져 있다고 한다면 '어떻게 하면 이 일을 적게 할까? 어떻게 하면 요령을 피우면서 시간을 때울까?'를 생각하게 되는 것이다.

그런데 모든 사람이 자기가 하는 일에 만족을 하고 자기가 하는 일에 의미를 부여하면서 일하는 것이 가능할까? 처음에는 만족했던 일이라고 하더라도 시간이 지나 그 일이 익숙해지면서부터는 처음의 만족도를 유지하기 어렵다. 더더군다나 처음부터 만족한 일은 아니었지만 먹고살기 위해 할 수 없이 시작한 일이라면 그 일에 의미를 갖기는커녕 일에 만족하기도 어려울 것이다. 사실 세상 사람들 가운데 평생 자신이 하는 일에 가치를 느끼면서 열정을 쏟는 비율이 얼마나 될까? 아마도 그렇게 높지 않을 것이다.

직원들을 대상으로 강의를 할 때, "출근이 기다려지고 출근하는 것이 설레는 분들이 있습니까?"라고 질문하면 대부분 황당한 눈으로 나를 쳐다보거나 말도 안 되는 얘기를 하고 있다는 듯이 피식 웃고 만다. 그렇지만 자신이 하는 일이 돈벌이 수단이 아니라 일에 대한 의미를 갖는 순간 하루라도 쉬고 싶고 조금이라도 땡땡이를 치고 싶던 업무시간이 즐겁고 설레는 시간으로 바뀔 수 있다.

일의 종류가 중요하지 않다. 아무리 사회적으로 중요한 일을 한다고 여겨지는 사람도 그 일에 대한 가치와 의미를 갖느냐 하는 것은 별개의 문제다. 마찬가지로 아무리 사회적으로 하찮게 여겨지는 일을 하는 사람의 경우도 그 일에서 의미와 가치를 찾을 수 있다. 그 일이 사회적으로 어떻게 여겨지는 일이든 그 일에 대해 의미와 가치를 가질 것이냐 갖지 못할 것이냐 하는 것은 전적으로 그 일을 하는 사람의 선택에 달려 있다고 볼 수 있다. 우리에게 널리 알려진 이야기이긴 하지만 석공들의 이야기를 통해 그들이 하는 일의 의미 부여 방식을 먼저 살펴보자.

어떤 나그네가 길을 가다가 석공 세 사람을 보았다. 그들은 모두 정으로 돌을 깨는 중이었다. 나그네는 첫 번째 석공에게 물었다. "무엇을 하고 계십니까?" 그랬더니 그 석공은 돌아보지도 않고 퉁명스럽게 대답했다. "보면 알 것 아니오. 돌이나 쪼고 있잖소." 나그네는 이번에는 두 번째 석공에게 물었다. 그러자 그 사람은 나그네를 힐끔 보더니 "주춧돌을 다듬고 있는 중이라오." 나그네는 마지막으로 세 번째 석공에게 물었다. "지금 무엇을 하고 계십니까?" 그런데 세 번째 석공은 웃으면서 즐거운 듯이 대답했다. "세상에서 제일가는 교회를 세우고 있는 중입니다. 돌을 쪼고 주춧돌을 다듬어야 훌륭한 교회를 세울 수가 있지요!"

대부분 아는 이야기다. 여기서 세 번째 석공이야말로 자신이 하는 일의 의미를 깨닫고, 아니면 자신이 하는 일에 대한 의미를 부여하고 일하는 사람이다. 의미를 갖고 일하는 사람은 그 일을 대하는 태도도 달라질 뿐 아니라 그 일처리 완성도도 더 높아질 수밖에 없다. 그 결과 그에게는 더 나은 평가와 처우가 자연스럽게 연계되는 것이다.

또 하나의 예를 들어보자, 중국의 발마사지숍의 이야기다. 시설도 별다를 것이 없고 직원들의 능력도 비슷한 옆 가게에는 항상 사람들이 몰려들었지만 바로 옆에 붙어 있는 다른 가게는 항상 손님이 없어 파리만 날리는 가게였다고 한다.

파리를 날리는 가게의 직원들은 발 마사지가 생계수단일 뿐 하루빨리 남의 더러운 발이나 마사지해 주는 직업에서 벗어나야겠다고 생각하고 있는 반면에, 사람이 몰려드는 가게에서 일하는 직원들은 발 마사지를 해줌으로써 고객의 피로를 풀어주고 새로운 에너지를 불어넣어주는 중요한 일을 하는 사람이란 생각을 갖게 했다는 것이다.

후자의 경우, 더 정성껏 손님을 모시게 될 것이고 손님의 발과 건강에 대해서 연구를 해서 손님과 대화를 하면서 좋은 정보를 알려주려 할 것이다. 그러면 손님으로부터 칭찬을 받을 뿐 아니라 더 많은 팁을 받게 될 것이다. 그래서 더 많은 손님이 몰려들 것이고 그렇게 되면 그 집 사장은 더 많은 보수를 주면서 그 직원을 붙들어 두려 할 것이다. 이렇게 해서 직원들은 하는 일을 더 신나게 하게 되고 발과 건강에 관한 공부를 더 할 수도 있고 해당 분야에 대한 강의 기회도 생기게 되고 자신의 노하우를 책으로 엮게 되는 기회도 생기는 등 자신이 하고 있는 일이 더욱더 의미 있게 확장될 것이다.

이 두 가게의 차이가 무엇인가? 결국 후자는 자신이 하고 있는 일에 대해 의미를 부여했을 뿐이다. 이처럼 의미를 부여하는 일은 자신이 하는 일을 내 것으로 만드는 출발선이 된다. 의사란 직업은 사회적으로 인정받을 뿐 아니라 사람의 생명을 다루는 소중한 직업임에 틀림없다. 그렇지만 이 의사란 직업도 돈벌이 수단에 머물게 되면 그 일은 노동이 되고 사람의 생명보다는 돈이 더 많이 되는 쪽으로 일을 하게 되어 사회적인 문제를 일으키곤 하는 것이다.

필자 역시 콜센터 대표이사로 근무하면서 그 일이 돈벌이 수단에 머물렀다면 굳이 거의 매일 현장을 다니면서 직원들과 소통하려 애쓸 필요가 없었을 것이다. 필자는 직접 현장 직원들을 만나면서 준비된 강의와 대화를 통해 직원들의 의식 성장을 도우는 일에 진정한 직장

의미와 가치가 있다고 보았다. 그래서 어찌 보면 우둔하게 느껴질 정도로 직원과의 만남을 소중히 여기고 그들과의 소통을 온몸으로 실천해온 것이다.

내가 하고 있는 일이 어떤 일이든지 의미를 부여할 수 없는 일은 없다. 자신의 일에 의미를 부여하라. 그리고 그 의미를 좇고 일을 하라. 그러면 일이 재미있고 신날 뿐 아니라 그 일은 남의 일이 아니라 내 것이 된다. 그리고 급여는 그 결과로 따라오는 것이다. 직장에서 돈이 중요하다. 그렇지 않은 사람은 없을 것이다. 그러나 돈을 번다는 목적만으로 직장생활을 해서는 우리 가슴의 열정을 이끌어 낼 수 없다. 돈 이외에 직장에서 어떤 의미와 가치를 추구할 것인지를 생각해야 한다. 설레는 아침으로 바뀔 것이다.

의미는 우연히 발견되는 것이 아니라 자신의 삶 속에서 세워 나가야 하는 것이다. 어떤 일을 선택할 수 있는 자유는 제한적이지만 그 일을 어떤 태도로 임할 것인가에 대한 자유는 항상 열려 있다는 것을 알게 되면 직업적 의미를 우연히 발견하려 하기보다는 자신의 마음으로부터 만들어 나가려는 시도가 이루어질 것이다(펄떡이는 물고기처럼).

무한한 가능성의 나

자본주의 구조 하에서 물질이 세상을 지배하게 되었고 사람의 가치는 한없이 떨어져 버렸다. 사람보다 더 소중한 것이 많은 세상이 되었다. 그 중심에는 '돈'이 있다. 사람이 편리하려고 만들어 놓은 돈이 사람을 지배하게 되었다. '돈'이라는 무생물이 소중한 사람의 가치를 보잘것없게 만들어버린 것이다.

돈이 중요한 세상이 된 것은 사회적 구조 탓이라 하지만 그렇게 생각하는 주체는 사람이다. 그래서 사람이 생각만 바꾸면 더 중요한 우선순위를 바꿀 수 있다. 기본적으로 어떤 이유로든 사람보다 높은 가치를 갖는 것이 있어서는 안 된다고 생각한다. 왜냐하면 우리는 자체로 소중한 존재여야 하기 때문이다. 내가 소중하기 위해서 또 다른 소중한 사람의 가치를 돈 아래에 둘 수는 없는 것이다. 여기에 내가 나의 진정한 가치를 찾아야 하는 이유가 있다.

나는 내가 생각하는 것보다 더 가치 있는 사람이다. 존재만으로도 그렇다. 내가 소중한 것처럼 다른 사람도 그렇게 소중하게 대해야 한다. 존재 자체만으로도 사람이 더욱 가치 있는 이유는 능력이 무한하기 때문이다. 그래서 김새해 원장은 저서 『내가 상상하면 꿈이 현실이 된다』에서 "나는 나라는 무한한 잠재력의 회사를 경영하는 최고 경영자이다."라는 말을 했다. 우리 모두는 무한한 가능성을 가진 나를 경영하는 최고경영자이다. 멋지지 않은가?

"사람의 능력은 무한하다." 이 말에 어떤 느낌이 드는가? 그냥 그저 그런 소리로 들리는가? 혹시 녹록하지 않고 답답한 현실 때문에 나의 그런 생각이 막혀버리지는 않았는가? 어니스트 헤밍웨이는 이런 말을 했다. "직접 해보기 전에는 아무도 자기 안에 어떤 능력이 있는지 알 수 없다." 여러분들은 지금까지 얼마나 자신의 가능성을 실험해 보았는가?

사람마다 제각기 가진 재능은 다르다. 어떤 사람은 체력이 남다른 사람도 있고 어떤 사람은 음악적 재능이 뛰어난 사람도 있고, 어떤 사람은 독서 능력이 뛰어난 사람도 있다. 또한 특별히 뛰어난 능력이 드러나 보이지 않는 사람도 있다. 이 말은 사람들이 말하는 일반적인 기준으로 보기에는 별 능력이 없는 사람처럼 보일 수도 있다는 뜻이다. 그러나 한번 생각해보라. 지금까지 살아오면서 이루어온 일들, 혹은 해온 일들이 어릴 적부터 하려고 했던 범위 내의 일들밖에 없는가? 내가 도전해 보지는 않았지만 시간이나 경제적인 이유로 아직 시도조차 하지 않는 일들은 없는가? 아마도 대부분은 여건만 갖추어진다면 도전하고 싶은 일들이 많이 있지만 여러 가지 여건상 시도조차 하지 않고 있는 경우가 많을 것이다.

처음부터 대단한 업적을 내고 처음부터 대단한 성과를 낸 사람이 세상에 얼마나 있을까? 『아웃라이어』(말콤 글래드웰)에서는 우리들이 생각하기에 천재라고 생각했던 모차르트나 빌 게이츠 같은 사람도 자신의 분야에서 제대로 성과를 내기 위해서는 1만 시간의 노력이 필요했다고 하지 않았던가? 우리들은 지금까지 살면서 한 분야에 1만 시간, 매일 4시간씩 10년 동안 투자한 일이 있었는지 돌아볼 필요가 있다. 그렇게까지는 아니더라도 다만 3~6개월이라도 몰입하면서 집중했던 일이 얼마나 있는지? 그런 시도도 하지 않고서 나를 현재의 나로 규정해 버리지는 않았는지 생각해 봐야 한다.

우리들은 누구나 무한한 가능성을 가진 존재다. 적어도 현재 나보다는 다른 내가 될 수 있는 가능성을 가지고 있는 존재다. 그리고 그 가능성은 어디까지 갈지 나 스스로를 포함해서 아무도 모른다. 그런데 나의 무한한 가능성은 다른 사람과 비교할 때부터 사라져버린다. 나는 자체로 특별한 존재가 아니라 그렇고 그런 보통 존재로 전락해 버리는 것이다.

차동엽 신부는 이런 말을 했다. "정확히 말하면 나는 다른 사람보다 특별히 우수하지도 특별히 열등하지도 않다는 것이다. 서로에게 상대적으로 더 잘할 수 있는 부분과 잘하지 못하는 부분이 섞여 있는 존재가 사람이다. 그렇지만 사회적으로 보다 널리 수용되는 객관적인 부분으로 인해 스스로 자신의 가능성을 제한해 버리는 것이다."

'나는 그저 그런 사람이야.', '나는 별 볼 일 없는 사람이야.' 하고 규정해 버리는 순간 그렇고 그런 존재로 전락할 수밖에 없다. 우리는 무한한 가능성을 가진 아주 소중한 사람들이다. 그렇기 때문에 나의 가능성을 믿고 더 도전해 나가야 하는 이유가 있는 것이다.

'나는 무한한 가능성을 가진 존재'라는 자신감도 나의 의식 성장을 통해서 가질 수 있다. 의식 성장이 이루어지면 나의 가치를 과장하지도 않고 그렇다고 비하하지도 않으면서 있는 그대로 바라보며 그 상태에서 무한한 가능성을 믿고 도전해 갈 수 있는 것이다.

> **"**
> 우리는 어제도 자신의 생각과 믿음의 크기만큼 얻었고,
> 내일도 그러할 것입니다.
> – 오시마 준이치 –
> **"**

이 말처럼 생각과 믿음이 더 커지기 위해서도 우리는 꾸준히 성장해야 한다.

아픈 만큼 자란다

> "
> 도전을 두려워하는 청춘은 날개 잃은 새와 같다.
> 생이 끝나는 순간 우리가 가장 많이 후회하는 일은 살면서
> '한 일'이 아니라 '하지 않는 일'이다.
>
> — 김새해 —
> "

성장은 도전을 전제하고 도전은 아픔을 전제한다. 아픔이 없으면 성장도 없다. 우리는 아픈 만큼 성장하는 것이다. 성장하려면 현재의 아늑한 온돌을 걷어찰 수 있어야 한다. 익숙함에서 탈출하여 끊임없이 새로움을 추구해야 한다. 그렇지만 현재에서 벗어나 새로움을 추구하는 것은 언제나 불편함을 뜻한다. 그런 불편함을 감수할 수 있어야 한다.

김새해 원장은 『내가 상상하면 꿈이 현실이 된다』에서 이렇게 말했다. "자신이 얼마나 귀한 존재인지 깨달아야 한다. 우리는 단순히 돈

을 벌기 위해 이 세상에 보내지는 것이 아니다. 더 고귀한 무언가를 이루기 위해 이곳에 왔다. 이 세상 모든 영혼은 존중받아야 하며 사랑 속에서 끊임없이 성장해야 한다."

앞서 말했듯이 여기서의 성장은 육체적인 성장을 의미하지 않는다. 육체적인 성장은 30대 전후에서 대부분 끝난다. 그렇지만 인간은 죽을 때까지 성장할 수 있다. 바로 의식 성장이라고 표현되는 지적인 성장, 영적인 성장, 인격적인 성장은 평생을 걸쳐 이루어질 수 있다. 그런데 우리는 의식 성장도 나이와 함께 자연스럽게 성장하는 것으로 생각한다. 그렇지 않다. 개인적인 노력 없이는 의식 성장은 멈춘다. 육체는 저절로 성장하여 육체적인 노화로 진행되지만 지적·정서적·인격적·영적 성장은 육체의 성장과는 무관하게 내가 노력하지 않으면 멈춰 있게 된다.

나이가 들면 자연스럽게 경험으로 체득되는 지혜는 성장이라고 볼 수 없다. 어른들이 김치를 잘 담그거나 아이들이 갑자기 아플 때 당황하지 않고 응급처치를 잘하는 것과 같은 능력은 살면서 크게 노력하지 않아도 저절로 얻어지는 것이다. 요즘은 이러한 경험상 지혜도 노력하면 나이에 관계없이 잘할 수 있는 세상이 되어 버렸다. 그렇다 보니 나이가 많다는 이유로 보다 젊은 세대에 대해 더 나은 부분을 주장할 수 있는 여지가 거의 없어져 버렸다. 나이가 듦에 따라 의식도 함께 성장할 때 균형적인 성장이 이루어지고 후배들로부터도 존중받고 인정받게 되는 것이다.

앞서 말했듯이 성장은 도전을 의미한다. 도전은 또한 변화에 대한 도전을 의미한다. 변화하지 않고 현재에 머물러서는 새로운 것을 받아들일 수 없고 새로운 성장을 기대할 수 없다. 그런데 나이가 들면 변화하기 힘들다. 그것은 너무나 당연한 현상이다. 변화하려면 무엇인가 새로운 것을 받아들여야 하는데 나이가 들면 육체적으로 그것이 쉽지 않다. 우선 눈이 나빠져 잘 볼 수가 없다. 오랫동안 집중해서 보기는 더욱 어려워진다. 그래서 새로운 지식을 얻기가 어려워진다.

귀도 마찬가지다. 잘 들리지 않는다. 그래서 자꾸 되묻는 경우가 많아진다. 잘 보이지 않고 잘 들리지 않으니 일부러 노력하지 않는 한 새로운 것을 받아들이기 힘들다. 게다가 뇌활동마저 둔화되어 듣고 보더라도 오래 기억하기 힘들다. 옛날에 보고 기억한 것은 또렷한데 최근에 보거나 기억한 것은 금세 잊어버린다. 그래서 지식이 축적되기 어렵다. 그렇다 보니 옛날 경험과 지식으로 대응할 수밖에 없다. 그래서 늘 같은 얘기가 반복되는 것이다. 특히 술이라도 한잔 들어가면 후배들은 어른들의 되풀이되는 레퍼토리를 인내를 갖고 계속 들어주어야 한다.

우리들은 어떤가? 우리도 모르는 사이에 그런 답답한 어른으로 변하고 있고 우리들이 비난하고 있는 그런 어른들의 모습들로 변하고 있지 않은지? 새로운 것을 받아들이지 않고 변화하려고 노력하지 않는 그 어른들은 어찌 보면 30대쯤에 성장이 멈춰버렸다고 볼 수 있다. 새로운 것이 없으니 늘 같은 얘기로 젊은 사람을 대할 수밖에 없고 거기에 반응하지 않는 젊은 세대에 대해 섭섭하게 되는 것이다.

그렇지만 주위에는 나이가 든 분인데도 젊은이의 의견도 잘 듣고 받아들일 뿐 아니라 늘 새로움을 추구하면서 합리적인 판단으로 젊은이들에게 귀감이 되는 어른들도 있다. 이런 어른들은 젊었을 때부터 끊임없이 변화를 추구하며 성장해온 결과 그렇게 된 것이다. 한때 IMF가 닥치면서 우리 사회에서 나이가 들었다는 이유만으로 조직에서 무능하다고 낙인찍히고 짐짝처럼 취급된 적이 있다. 그때 들은 말이다. "나이가 문제가 아니라 변화하지 않는 것이 문제다." 방법은 있다. 늙는 것이 문제가 아니다. 변하지 않는 것이 문제다. 변화하려고 노력하면 가능한 것이다.

그러나 이러한 노력도 비교적 젊은 시절부터 연습하지 않으면 나이가 들어서는 힘들다. 젊을 때부터 새로운 생각을 잘 받아들이고 유지하기 위해 노력해야 한다는 뜻이다. 나이가 아무리 젊더라도 변화를 두려워하고 변화하지 않고 변화를 받아들이지 못하는 젊은이는 이미 늙어가는 것이다. 어쩌면 이미 늙어버린 젊은이일지도 모른다.

한때 우리는 나이만으로도 존중받고 대접받는 시기가 있었다. 그러나 지금은 그렇지 않다. 존중받을 만한 이유가 있고 대접받을 만한 일을 할 때만 그렇게 대우받는다. 결국 의식 성장이 이루어질 때 가능한 것이다.

구본형연구소 차칸양이라는 분은 가로관계와 세로관계란 용어로 우리들의 성장의 필요성을 얘기하고 있다. 가로관계는 같은 시간대를 살아가는 관계로서 주로 과거의 경험과 추억을 나누는 관계로 친구나 친척 및 동창과의 관계라고 하면, 세로관계는 다양한 세대가 어울려 상호 간 배움을 통한 성장을 추구할 수 있는 관계라고 한다. 세로관계 모임은 내가 용기를 내어 모임에 참석하려 해도 관계가 원활치 않을 경우 모임 자체가 깨어질 수도 있다.

이와 같이 가로관계는 상대적으로 편안하고 부담이 덜 되는 관계라면 세로관계는 불편하고 새로운 것에 도전을 해야 유지될 수 있는 관계가 된다. 성장 측면에서 본다면 세로관계를 만들고 유지하고 발전시키는 노력을 할 때 더욱 성장이 가속화되는 것이다. 이처럼 성장은 불편함을 감수하고 새로운 도전을 할 때 이루어지는 것이다.

의식 성장을 통해서 우리의 삶에 여러 가지 도움을 받게 되지만, 우선 남과 비교하는 삶에서 벗어날 수 있다. 우리들의 모든 불행은 남과 비교하는 데서 생긴다고 해도 과언이 아니다. 내가 하나의 사과를 받아 행복해져 있더라도 다른 사람이 사과 두 개씩 받게 되면 나는 불행해지기 시작하는 것이다. 그렇지만 의식 성장이 일어나면 사과 하나가 행복했던 그 순간으로 돌아갈 수 있다.

나는 자체로 소중하며 있는 그대로의 나를 존중하여 받아들이고 나를 개발하려 노력하기 때문에 자존감이 높아지게 된다. 앞서 말한 바와 같이 요즘 여성들의 결혼이 늦어지는 이유는 여성의 사회활동이 자리 잡으면서 사회적 지위가 높아짐에 따라 자신의 지위에 맞는 남성을 만나기 힘든 것도 주요 원인 중에 하나가 되는 것 같다. 이는 결국 미래 평생 함께할 배우자를 만나는 판단보다는 현재 남에게 보여주기 위한 결혼을 추구하다 보니 생긴 현상이 아닐까 싶다. 의식 성장이 이루어지면 남에 의한 나가 아니라 나를 중심으로 세상을 바라볼 수 있게 되는 것이다.

또한 삶과 직장에서의 의미와 가치를 재정립할 수 있게 된다. 힘든 사회생활을 반복적으로 하는 가운데 나도 모르게 나를 잃어버리고 관성적으로 살아가고 무의미하게 직장을 다니게 된다. 직장은 돈벌이 수단으로만 의미가 있게 된다. 그러나 의식 성장을 통해서 우리는 나의 삶을 돌아보고 내가 살아가는 의미를 정립하게 되고, 직장에서도 일을 하면서 얻는 가치와 의미를 발견할 수 있게 된다. 의식 성장을 통해서 삶과 직장에서 가치와 의미를 갖게 되면 하루하루가 달라진다. 내가 하고 있는 일을 통해서 펼쳐지는 나의 삶이 남의 눈을 통해서 비춰지는 삶이 아니라 '나의 삶'이 되기 때문에 더욱 열정적인 삶을 살 수 있고 더욱 도전적인 삶을 살게 되는 것이다.

그리고 남을 배려하고 존중할 수 있어 공감적 소통이 쉬워진다. 의식 성장을 하게 되면 스스로에 대한 자존감도 높아지지만 자신의 높은 자존감을 바탕으로 다른 사람을 받아들일 수 있게 된다. 상대에 대해 느긋해질 수 있는 것이다. 상대 입장을 더 배려하고 상대를 더 이해하려고 노력하게 되는 것이다. 따라서 공감능력이 발달하게 되고 소통도 원활해질 수 있는 것이다. 의식 성장이란 자신을 향한 나의 시각에서부터 다른 사람으로의 관심으로 변화를 의미한다. 내가 충실해지고 나의 자존감이 넘쳐흐르게 되면 주위가 눈에 들어오기 시작한다는 뜻이다. 다른 사람이 나의 눈에 들어오게 되면 이제 남의 아픔도 함께 느끼게 되기 때문에 자연스럽게 나눔으로 이어지게 된다. 이때 이루어지는 나눔은 오히려 나를 더 풍족하게 만든다.

이처럼 의식 성장을 통해서 우리는 궁극적인 나의 변화를 체험하게 될 수 있다. 그렇지만 의식 성장은 아픔과 불편함이 먼저란 것을 잊어서는 안 된다.

나를 바꿀 수 있을까?

　현재 우리 모습은 우리가 지금까지 경험하고 공부하고 느끼면서 살아온 결과라고 말할 수 있다. 성격은 태어날 때부터 정해진다는 사람도 있고 후천적으로 바뀔 수 있다는 사람도 있지만 어른이 되어 가면서 어릴 때 가졌던 성격과는 조금씩 달라졌다는 것은 누구나 쉽게 알수 있다. 그렇지만 현재의 상태에서 현재 만나는 상대를 자기가 원하는 대로 바꿀 수 있을까? 이것은 정말 힘든 일이다. 이미 각자가 나름대로 지금까지 습득하고 경험하고 느껴온 대로 성격과 판단 기준이 만들어져 그 구조대로 판단하고 생각하기 때문에 그것을 바꾸기란 거의 불가능한 일이다.

　다행히도 성장한다는 것은 남을 바꾸는 일이 아니라 나를 바꾸는 일이다. 나를 바꾸는 일도 쉽지는 않은 일이기는 하지만 불가능한 것은 아니다. 그리고 다른 사람을 자기가 원하는 대로 바꾸게 하는 거의 유일한 방법도 내가 바뀌는 방법밖에 없다고 한다.

그럼에도 불구하고 내가 바뀌는 일도 쉬운 것은 아니다. 역설적으로 내가 할 수 있는 일이기 때문이다. 사람은 새롭고 바람직한 방향으로의 변화보다는 편하고 쉬운 쪽으로 행동하게 되어 있다. 오죽하면 인사부서에서 오랫동안 근무해온 직장 대선배는 이런 나에게 이런 말을 한 적이 있다. "사람이 바뀌던가요? 사람은 안 바뀝니다. 그래서 선발할 때 잘해야 합니다." 사람의 성격을 바꾸기 어렵다는 의미에서 한 말이겠지만 공감되는 얘기다.

특히 사람은 가까운 사람이나 비슷한 사람으로부터의 조언에 의해서 바뀌기는 더 어렵다. 자존심이라는 것이 작동하기 때문이다. 그래서 부부간에 상대의 조언에 의해서 달라지기를 기대하기는 어렵다. 그리고 경쟁관계에 있는 친구나 동료 그리고 상사의 충고에 의해서도 잘 바뀌지 않는다. 직장에서 상사의 충고에 의해 바뀌는 경우는 어쩔 수 없이 바뀌는 척할 뿐 상황이 바뀌면 되돌아갈 가능성이 높다.

단지 큰 문제가 생겼을 때나 변하지 않으면 안 되는 계기로 인해서 변화하는 경우는 더러 있다. 가령 갑자기 건강상의 큰 어려움이 왔다고 생각해 보라. 그렇게 되면 어쩔 수 없이 의사의 충고를 따르게 된다. 물론 마지막까지도 의사의 말을 듣지 않고 자신의 고집대로 살다가는 사람도 있기는 하지만…….

그러나 여기서는 의식 성장에서의 변화를 의미하므로 어떤 획기적인 충격이나 급격한 변화로 인해 의식 변화의 계기를 갖기는 쉽지 않다. 가령, 아내가 먼저 세상을 떠나게 되거나 자녀를 잃게 되면서 큰 충격을 받고 인생관이 바뀌거나 삶의 의미나 가치에 대해서 다시 생각해 보는 경우도 있지만 이런 경우는 극히 드문 경우고 바람직하지도 않는 경우라 일반적인 의식 성장의 계기로 볼 수는 없다.

변화는 내가 마음속으로 진심으로 그 내용을 수긍했을 때 일어난다. 물리적인 방법이나 금전적인 방법으로는 잠깐 동안 변화를 일으키는 데 도움이 될지 모르지만 나의 성장과 관련하여 근본적이고 지속적인 변화를 일으키기에는 한계가 있다. 자신이 진정으로 존경하는 사람의 조언을 통해서나 각종 매체나 영화 등을 통해서 얻어지는 경험과 지혜를 통해 나를 변화시키기도 한다. 그렇지만 가장 꾸준하고 가장 광범위하게 나의 모든 분야를 변화시킬 수 있는 방법은 독서밖에 없다고 생각한다.

> **"**
>
> 남의 책을 읽는 데 시간을 보내라.
> 남이 고생한 것에 의해 쉽게 자기를 개선할 수 있다.
> – 소크라테스 –
>
> **"**

지속적으로 나를 변화시킬 수 있는 제일 좋은 방법은 책이다. 책을 통해서 내가 느낀 부분은 다른 사람을 통해 주입되는 생각과는 다르다. 내가 스스로 느끼면서 깨닫는 것이기 때문에 스스로 변하는 데 필요한 계기를 제공한다.

"그때까지 읽은 책이 바로 나"란 말이 있다. 지금의 나는 지금까지 읽은 책뿐 아니라 지금까지 경험한 것 그리고 지금까지 만난 사람 지금까지 듣고 배워온 것들이 모두 합쳐져 오늘의 내가 되었을 것이다. 이는 내가 지금까지 읽은 책, 사람, 경험의 수준에 의해 나의 의식 수준이 만들어져 있다는 뜻이다. 책, 사람, 경험 중에 시공간의 제약을 받지 않고 가장 골고루 쉽게 변화시킬 수 있는 방법은 바로 책이다.

세상에는 수많은 사람들의 소중한 생각이 존재한다. 지금도 수많은 생각들이 나오고 사라진다. 이러한 생각들을 통해 나를 비춰보고 그들의 생각을 쉽게 만나볼 수 있는 방법은 책이 가장 좋다. 책을 통해서 느끼고 그것이 바람직하다고 판단하면 나도 그렇게 바뀌어야겠다고 결심한다. 책 몇 권 읽었다고 갑자기 큰 변화를 기대하기는 어렵겠지만 나도 모르게 조금씩 변할 수 있다. 왜냐하면 그 책을 읽는 동안 내가 스스로 그렇게 판단하고 수긍했기 때문이다.

각자에게 형성되어 있는 의식 수준은 다양할 뿐 아니라 천차만별일 것이다. 주위에 우리들이 존경하고 따르고 싶은 사람이 있다면 그 사람의 의식 수준은 그만큼 더 많이 성장해 있음을 의미한다. 그런 분들의 생각도 우리는 책을 통해서 접할 수 있다.

워렌 버핏이 은퇴하면서 그와 식사할 수 있는 식사권이 28억인가에 낙찰되었다는 얘기를 들은 적이 있다. 점심식사를 하는 동안 그와 이야기하면서 어떤 좋은 지혜를 얻을지 모르지만 서점에 가 보라. 그가 쓴 책은 단돈 2만 원이면 구입할 수 있다. 그 속에 그의 모든 생각이 정연하게 정리되어 있다. 어쩌면 자신의 생각 이상으로 더 많은 것이 기록되어 있을 수도 있다. 사람들은 책으로 남길 때는 자신의 생각보다 더 많은 것을 정리해서 남기는 경향이 있으니까.

세상의 다양한 생각을 적어놓은 책이야말로 가장 저렴하게 다른 사람을 생각을 훔쳐보고 내 것으로 만들 수 있는 거의 유일한 방법이 아닐까 싶다. 그 방법이 내가 죽을 때까지 성장할 수 있는 방법이기도 한 것이다.

스페인 어느 작가가 한 얘기다. "우리는 모두 감옥생활을 하고 있다. 우리의 눈과 귀가 보고 들을 수 있는 세계는 지극히 좁기 때문이다. 그런데 이 감옥에는 창이 하나 나 있다. 이 창으로 우리는 어떤 세계와도 만날 수 있다. 바로 '책'이라는 이름의 창이다." 책으로 성장해야 하는 이유를 말해 주고 있다.

책을 통해서 우리는 새로운 책을 만날 수 있다. 처음 책을 읽는 사람들은 이렇게 매일 수없이 쏟아지는 책 중에 무슨 책부터 읽어야 할지 막막하다고 한다. 물론 처음에는 독서습관을 정착시키는 데 도움되는 얇고 글자가 커 읽기 쉽고 마음에 감동을 주는 책을 읽는 것이 좋다. 그런데 어느 정도 책을 읽다 보면 느끼는 점이 있다. 책 속에 읽어야 할 책이 있다는 것을 알게 된다. 세상의 모든 책은 다른 누군가의 책을 읽고 자신의 생각이 다시 책으로 만들어졌기 때문에 책 속에 책이 나올 수밖에 없다.

책을 통해서 모르던 부분을 알게 되므로 일차적으로 지적인 성장이 이루어진다. 자신의 업무와 관련한 지식도 책을 통해서 얻을 수 있고, 다양한 기술도 책을 통해서 습득할 수 있다. 의외로 자신의 업무 분야에 대한 책을 다양하게 읽는 사람은 많지 않은 것 같다. 현재 하고 있는 일에 꼭 필요한 지식만 습득하고 오래 근무하게 되면 해당 분야 전문가가 된다고 생각하는 경향이 있다. 그렇지 않다. 수시로 자신이 하는 일에 대한 전문서적을 읽고 이론과 실무를 겸비할 때 진정한 전문가가 되는 것이다.

"

내 인생은 책과 함께했다고 해도 과언이 아니다.
만일 누군가 내게 '당신이 여기까지 무엇으로부터 가장 많은 걸 배웠습
니까?'라고 묻는다면 나는 주저하지 않고 말할 것이다.
학교도 아니고 사람도 아니고, 책으로부터 세상을 배웠다고 말이다.
– 박경철 –

"

또한 책을 읽다 보면 사람에 대한 이해가 깊어진다. 자신을 돌아보게 만들고, 나와 갈등관계에 있었던 사람에 대한 이해도 깊어지기 때문에 원만한 대인관계에 도움이 된다. 궁극적으로는 나의 인격 성장과 연결이 될 수 있다. 그리고 사회를 보는 눈도 깊어져 사회현상에 대한 해석이 진지해지고 깊어져 다른 사람들과의 피상적인 대화에 쉽게 감정이 흔들리지 않게 된다. 그리고 필요한 말만 하고 상대를 배려하고 기다릴 줄 알게 된다.

"

사람의 품성은 그가 읽는 책에 의해서 알 수 있다.
– 스마일즈 –

"

그리고 책 속에 꿈이 있다. 그냥 '꿈을 가져야지.' 해서는 그 꿈이 막연해질 뿐 아니라 꿈의 범위가 현실 속에서 제한될 가능성이 많다. 책을 통해 여러 사람들의 다양한 삶을 접하다 보면 새로운 꿈이 잉태되고 자신의 현실에서는 생각지도 못했던 꿈을 만날 수 있게 된다.

물론 책을 읽기까지의 변화도 쉬운 일은 아니다. 평소에 잘 안 읽던 책을 갑자기 가까이한다고 해서 책이 읽히는 것은 아니다. 또 책을

읽으려면 어느 정도 몰입을 할 수 있어야 하는데 그것도 쉬운 일이 아니라. 오히려 처음에는 책을 읽으면 바로 졸리기 일쑤다. 누구나 겪는 일이다. 독서는 습관을 바꾸는 일이기 때문에 하루아침에 바뀌지 않는다. 그렇지만 습관을 바꿔야 할 정도로 충분히 가치가 있는 일이 독서다.

독서가 좋다는 것은 누구나 다 안다. 독서가 나쁘다는 사람을 보지 못했기 때문이다. 그렇지만 독서가 얼마나 좋은지는 잘 모른다. 왜냐하면 대부분 책을 잘 읽지 않기 때문이다. 필자도 비슷한 부류에 속했다. 책을 손에 잡아 마지막까지 제대로 읽는 경우가 드물었다. 회사에서 의무적으로 혹은 학교에서 숙제로 주어지는 것이 아니면 책의 마지막 페이지까지 가는 경우가 드물었다. 책을 들면 금세 잠이 오거나 잡념에 사로잡혔다. 도무지 집중이 안되어 한참 시간이 흐른 뒤 다시 그 책을 잡았을 때 앞부분이 생각나지 않아 다시 처음부터 보고 한 적도 많다. 아무튼 이렇게 책과는 거리가 멀었던 내가 독서의 열렬한 지지자가 되었다.

필자가 본격적으로 책을 읽게 된 계기는 직원들과 같이 책을 읽으면서부터이다. 회사에서 만난 관계이지만 같이 좋은 책을 읽으면 좋겠다는 생각에서 함께 책을 읽기 시작했다. 직원들과 같이 읽는 책을 부서의 책임을 맡고 있는 내가 읽지 않을 수 없었기 때문에 읽었다. 그리고 그 읽은 책의 소감을 함께 나누는 시간을 가졌다. 책을 읽기가 쉽지 않아 그렇지 무슨 책이든 한 권의 책을 읽고 나면 뿌듯한 어떤 느낌이 든다. 뭔가 모를 성취감과 책 속의 내용을 보면서 '다른 수많은 책에서도 이런 지혜나 지식이 담겨 있겠지.'라고 생각하면서 '막연

히 책을 더 읽어야 할 텐데……' 하는 결심을 하곤 하지만 실천이 잘
되지는 않았다. 필자 역시 독서가 습관이 되어 있지는 않았기 때문이
다. 그렇지만 의무적으로 책을 읽는 동안 조금씩 습관이 형성되어 온
것이다.

직원들과의 대화를 할 때 그냥 아무 생각 없이 만나서 살아가는 얘
기를 하면서 대화하는 것도 한두 번이지 계속 그렇게 의미 없는 모임
을 유지하기란 쉽지 않다. 그리고 처음부터 자신의 사생활이나 자신
의 얘기를 내놓기가 쉽지 않다. 그렇다 보면 피상적인 얘기만 나누게
되고 모임이 어색해지기 마련이다. 그런 모임은 다른 일이 바쁘다 보
면 슬며시 사라지기 마련이다. 그렇지만 이처럼 좋은 책을 한 권 읽고
나누는 시간을 정해두면 한 달에 한 번은 정기적으로 만나기 쉽다. 모
임을 정례화하기 위해서 뭔가 같은 생각을 하도록 해주는 도구가 필
요한데 그것이 바로 책이 되는 것이다.

책을 읽고 만나는 모임은 그냥 만나는 모임과는 다르다. 일단 같은
종류의 내용을 아는 상태에서 만나기 때문에 대화를 시작하기 쉽다.
그리고 나누는 대화 수준도 책의 내용을 바탕으로 하므로 어느 정도
유지될 수 있는 좋은 점도 있다. 이렇게 해서 독서를 시작하면서 자의
든 타의든 책을 접하게 된다. 무슨 일이든 시작하기가 어렵지 막상 시
작해서 어떤 일을 수행하고 나면 보람이란 게 느껴진다.

가령 수영을 시작하기로 마음먹었다고 생각해 보자. 수영을 못하던
사람이 수영을 시작하기까지 과정은 만만찮다. 주위에 수영장이 있어
야 하는 것은 물론이고 수영을 하기 위한 수영용품 구매는 말할 것도
없다. 수영장 위치, 수영할 시간, 수영복, 수경, 수영모까지 완벽히

갖춰 놓고도 마음먹고 등록하기가 쉽지 않다. 마음먹고 등록했더라도 수영장에 들어가기까지 또 시간이 걸린다. 벗은 몸매에 대한 걱정, 처음 수영이 잘 안될 때 쏟아질 시선들 등등 걱정이 한두 가지가 아니다. 그렇지만 이런 모든 장애를 극복하고 수영을 시작해서 몇 번만 마치고 나면 매일매일 성취감으로 가득 차게 된다. 물론 익숙해지기까지 그리고 습관이 될 때까지 시간이 필요하지만 시작하고 나면 잘했다는 생각이 든다.

독서도 마찬가지다. 독서는 한 권의 책을 읽을 때마다 성취감을 느낄 수 있어 더 좋다. 억지로든 누가 권해서든 한 권의 책을 읽고 나면 괜히 기분이 좋아진다. 뭔가 조그마한 것을 이루었다는 느낌도 들고 조금 유식해졌다는 생각도 들게 된다. 어떤 책을 읽었든지 분명히 그 책을 읽은 만큼 달라진 것은 틀림없다. 그 책을 읽지 않은 사람과는 그만큼 이미 다른 세계를 맛본 것이다.

그렇지만 독서도 자발적으로 습관화되기까지는 많은 시간이 걸린다. 처음부터 집중하기란 쉽지 않다. 그래서 처음에는 독서를 도와줄 멘토가 필요하다고 한다. 같이 독려할 동료가 있다면 더 좋을 것이다. 월드비전의 한비야 님도 독서광으로 유명한데 고등학교 1학년 때 사서의 도움으로 단짝인 친구와 같이 매년 100권씩 읽기로 해서 지금까지 실천하고 있다고 한다. 직장인들이라면 필자처럼 회사에서 반강제적으로 책을 읽다 보면 자신도 모르게 그런 습관을 만드는 데 도움이 되기도 한다. 어떤 경우든 독서를 습관화해야 성장이라는 달콤한 열매도 맛볼 수 있게 된다.

"

시간이 없어서 독서하지 못하는 사람은
시간이 있어도 독서하지 못한다.

– 『회남자』中 –

"

성장의 종착역

태어날 때부터 자기에게 이로운 것을 받기보다 주는 것을 더 좋아하는 사람이 있을까? 사람은 누구나 주는 것보다는 받는 것을 더 좋아한다. 그러나 세상은 먼저 주고받도록 설계되어 있는 것 같다. 그래서 영어에서도 '기브 앤 테이크'로 기브가 먼저 나온다. 나에게 생기는 모든 긍정적인 변화도 내가 먼저 줌으로써 발생한다. 인간관계도 그렇고 회사에서의 성장에서도 그렇다.

여러분들이 자영업을 하면서 직원들을 고용하고 있다고 생각해 보자. 처음에 그 직원에게 한 달에 얼마를 주기로 계약을 하고 근무를 시작하면, 직원으로서는 이렇게 생각할 것이다. '나에게 좀 더 높은 급여를 주면 더 열심히 일할 텐데…….' 그렇지만 고용자의 입장은 이렇다. '저 친구가 좀 더 열심히 일하면 급여를 올려줄 텐데…….' 급여를 더 올려줄 수 있는 사람은 고용자이므로 고용자의 생각대로 움직일 수밖에 없다. 한 달에 100만 원을 받기로 하고 일을 하는 직원이 열정적으로 자기 일처럼 가게를 돌보게 되면, 그로 인해 가게가 잘되어 수입이 증가하게 되고 주인은 그 직원을 유지하기 위해서 급여도 올리고 보너스도 더 지급하게 되는 것이다.

당연한 얘기지만 큰 기업으로 이 상황을 옮겨도 마찬가지다. 기업에서 먼저 급여를 높여줄 리는 없다. 직원들이 회사에 먼저 주어야 한다. 직원들이 회사에 더 많은 가치가 발생하도록 노력해야 한다. 그러면 그 결과로 자신에게 부가적인 혜택이 주어지는 것이다. 이런 공식을 생각한다면 내가 더 주도적이어야 한다. 남의 일이 아니라 나의 일처럼 해야 하는 것이다. 그 결과로 회사 내에서 나의 영향력도 더 커지게 되는 것이다.

이것은 회사에만 적용되는 것이 아니다. 인간관계에서도 마찬가지다. 상대에게 기대하는 바를 내가 먼저 줘 보라. 그러면 상대는 나에게 내가 원하는 것을 줄 수도 있고 그렇지 않을 수도 있다. 그 결과를 기대하고 줘서는 안 된다. 그냥 주어야 한다. 그 방법 외에는 내가 다른 사람에게 기대하는 것을 받을 수 있는 방법은 강제적인 방법을 통하는 것뿐이다. 그렇게 해서 상대로부터 얻어내는 것은 상대의 진심에서 나오는 것이 아니므로 애초 내가 진정으로 원했던 것이 아니다. 이처럼 주는 원리에서도 내가 먼저 변하는 길만이 상대를 변화시킬 수 있는 유일한 방법과 일치함을 알 수 있다.

주는 것은 객관적으로 볼 때, 혹은 경제적으로 볼 때 손해를 보는 일일 수 있다. 그렇지만 물질적인 손해는 발생했을지 모르지만 그것 이상으로 돌아오는 것을 경험하게 될 것이다. 그것은 물질이 될 수도 있고 나의 넉넉해진 마음일 수도 있다. 그래서 돌아올 것을 기대하지 않고 주는 것이 나에게는 더 크게 돌아온다. 그것이 줌으로써 얻는 원리다. 그냥 주면 내가 받지 않아도 즐겁고 행복해진다. 결과적으로는 내가 받게 된 것이다. 개인관계에서든 직장에서든 내가 먼저 주는 것이 내가 받는 방법이다.

사람이 성장하게 되면 주위를 돌아보는 여유가 생긴다. 자신의 그릇이 가득 차야 옆으로 흐르는 이치와 같다. 우리는 앞에서 성장에 대한 얘기를 많이 했다. 지적인 성장, 영적인 성장, 정서적인 성장, 그리고 인격적인 성장을 통해서 우리 의식이 성장하다 보면 우리는 더욱 상대를 바라보고 상대의 입장에서 생각할 수 있게 되고 상대의 아픔을 공감할 수 있게 된다. 그 상태가 되면 나눔으로 자연스럽게 연결된다. 상대가 어렵고 힘든 상황이 나에게도 동일하게 느껴지는데 모르는 채 내버려 둘 수는 없는 것이다. 그래서 성장의 끝은 나눔으로 연결된다.

나눔은 더 큰 성장과 연결되어 있다. 나누지만 더해지는 원리를 깨닫게 된다. 나눔이야말로 나를 완성하는 마지막 모습이 아닐까 생각한다.

평생 친구 만들기

새해가 되면 우리는 머릿속에서 '올해는…' 하고 나름대로 목표를 세운다. 기본적으로 항상 들어가는 목표 중에 하나는 건강에 대한 목표다. 여성들은 다이어트, 남성들은 금연이 단골메뉴 중 하나다. 나이가 들면서부터는 꼭 빠짐없이 들어가는 목표가 바로 건강 목표다. 작년 초에는 어땠을까? 틀림없이 비슷한 목표로 1년을 시작했을 것이다. 연 초반에는 몇 가지 건강을 위한 시도를 했을 것인데, 바쁜 일상으로 정신없는 하루하루를 보내면서 1년이 가버린다. 그리고 새해 또 건강 목표를 세우고 있는 우리 모습을 발견한다.

왜 건강목표는 잘 안 이루어질까? 어떤 심리학 교수는 "그 목표가 이루어야 할 만큼 절실하지 않았기 때문이다."라고 한다. 우리가 평소에 운동을 하려고 노력해봐도 별 효과가 없다가도 어느 날 병원에서 신체 어느 한 부분에 문제가 생겼다고 하면 바로 그때부터 스스로 운동하기 시작한다. 그렇다고 우리 몸이 문제가 될 때까지 기다릴 수는 없는 노릇이다.

건강목표가 잘 이루어지지 않는 것은 습관을 바꾸는 일이기 때문이다. 여행을 한다거나 차를 산다거나 하는 목표는 상대적으로 잘 이루어진다. 그런 목표들은 이루는 과정이 크게 고통스럽지 않고 즐거운 일인 데다가 습관을 바꾸는 일이 아니기 때문이다.

그렇지만 운동을 한다거나 책을 읽는다거나 일기를 쓴다거나 하는 일들은 당장 그렇게 하지 않는다고 큰 문제가 생기지 않을 뿐 아니라 습관을 바꿔야 하는 일이기 때문에 곧잘 원위치 된다. 건강목표를 달성하기 위해서 쉽고 편한 방법 중 하나인 약의 힘을 빌리거나 무조건 먹지 않고 체중을 줄여서 목표에 이르는 방법은 지속되기 어렵다.

다이어트산업은 결코 망할 수 없다고 한다. 왜냐하면 다이어트를 시도하는 사람들 대부분이 반드시 실패하기 때문이다. 그리고 스포츠센터가 60~70% 할인해도 되는 이유 역시 초반에 등록했다가 끝까지 다니는 사람이 30~40%밖에 안 되기 때문이라고 한다. 습관을 바꾸는 일이 어렵다는 것을 반증하는 예들이다.

우리의 뇌는 반복적으로 일어나는 일에 대해서는 습관이 되어 따로 뇌 에너지를 사용하지 않아도 되도록 효율적으로 작동한다고 한다. 아침마다 양치질을 하고 세수를 해야 할지, 세수를 먼저 하고 양치질을 해야 할지 결정하지 않아도 되고, 양말의 왼쪽과 오른쪽 중 어느 쪽을 먼저 신을지 따로 판단하지 않고 다른 생각이나 다른 일을 하면서도 우리는 그 일을 잘할 수 있다. 습관으로 형성되어 있기 때문이다.

이처럼 건강과 관련해서도 우리 몸은 어느 쪽으로든 습관으로 형성되어 있는 것이다. 불행하게도 우리 뇌는 좋은 습관과 나쁜 습관을 구분할 수 없다고 한다. 반복적으로 일어나는 일은 무조건 습관으로 기억해 두었다가 특별한 자극이 주어지지 않는 한 동일하게 반복한다는 것이다.

현재 건강에 적신호가 나타난다면 우리는 우리의 뇌가 나의 건강을 나쁘게 만드는 습관을 기억하고 반복적으로 건강에 좋지 않은 행동을 해왔기 때문이다. 가령, 수시로 인스턴트로 끼니를 때운다거나 식사하자마자 잠을 잔다거나 육식 위주의 식사를 하는 것과 같은 습관이 몸에 배어 있는 것이다. 이처럼 습관을 바꾸는 일이기 때문에 건강목표는 달성하기 어려운 것이다. 이렇게 습관이 되어 있는 것을 바꾸는 방법은 그 목표가 구체적이어야 하고 또 그 목표가 달성되지 않을 수 없는 환경을 만들어야 목표달성 가능성이 높아진다.

우선 목표가 구체적이어야 한다. 막연히 금년에는 담배를 끊어야겠다거나 체중을 줄여야겠다는 목표를 머릿속으로만 갖고 있어서는 안된다. 우선 자신이 유지하고 싶은 체중과 허리사이즈 목표를 적고 그것을 달성하기 위한 대책을 구체적으로 적어야 한다. 예를 들면 "5월까지 10kg 감량, 허리 31인치"와 같은 목표를 수첩이나 책상 위에 적어두고, 체중을 줄이기 위한 방법인 식사 횟수, 식사량, 탄수화물 줄이기, 충분한 수분 섭취, 저녁 8시 이후 간식 금지, 체중계 구입, 식사일기 적기, 저녁 9시부터 30분 운동장 걷기 등과 같은 구체적인 실천방법을 정해야 한다.

그리고 정해진 방법을 반드시 실천하기 위한 환경에 해당되는 사항, "저녁 8시 이후 배가 고플 때는 물로 위를 채우거나 오이와 같은 저열량 음식을 먹는다.", "저녁 9시에 비가 와서 걷기를 못할 때는 실내에서 사이클 30분을 한다.", "매일 9시에 운동을 상기시키기 위해 알람을 맞춰 둔다."와 같이 반복적인 습관이 될 때까지 실천하지 않을 수 없는 환경을 설정하고 실천해야 목표가 이루어질 가능성이 높아지는 것이다.

너무나 당연하게 들릴지 모르지만 건강해야 좋은 컨디션을 유지할 수 있다. 사람들은 컨디션이 좋을 때 뭔가 새로운 것을 하고자 하는 의욕이 생긴다. 전날 한두 번씩 과음을 해 본 적은 있을 것이다. 그 다음 날 하루는 어떤가? 최소한의 일만 하면서 하루를 때운다는 느낌으로 하루를 보내지 않았는지? 그리고 빨리 귀가하여 TV채널을 돌리다가 침대에 쓰러져 곯아떨어진 적은 없는지? 컨디션이 나쁘면 하루 정해진 일도 제대로 하기 쉽지 않다.

그러니 새로운 일을 하거나 새로운 결심을 한다는 것은 엄두도 내지 못하고 자신의 현재 하고 있는 일의 틀 안에 갇혀 지내게 된다. 매일매일 하루를 때우면서 보내다가 그나마 컨디션이 좋은 날이 되면 '내가 이렇게 사는 것이 맞나?' 하고 또 어떤 결심을 하게 되지만 좋지 않은 건강 상태로 인해 다시 포기하는 것을 반복하게 된다.

건강이 좋으면 활력이 넘치고 대인관계도 좋아진다. 상대에게 좋은 얘기를 자주 하게 될 뿐 아니라 상대의 변화를 쉽게 알아챌 수 있다. 자신의 몸이 힘들면 자신을 챙기기도 바쁘기 때문에 남이 보일 리 없다. 그러나 자신의 몸 상태가 좋으면 상대의 작은 변화, 머리를 새로 했거나 다른 컬러의 옷을 입었을 때도 금방 눈에 띄고 그에 알맞은 기분 좋은 얘기를 해줄 수 있는 것이다. 따라서 대인관계도 좋아진다.

이처럼 건강해야 새로운 꿈이 생기고, 하루가 즐겁고 대인관계도 좋아진다. 나이가 상대적으로 젊은 사람은 이 중요성을 간과하기 쉽다. 그렇지만 건강은 습관이다. 나이가 들어서 습관을 고치려면 그만큼 힘들다. 젊을 때부터 좋은 건강 습관을 가져야 한다. 현재 몸의 상태가 비만이거나 약한 사람들은 더 말할 것도 없다. 아무리 건강했던 사람들도 나이가 들면 하나씩 고장 나기 시작한다. 건강을 유지해 온 사람일수록 몸의 고장을 늦출 수 있고 문제가 생겨도 빨리 회복할 수 있다.

앞서 언급한 것처럼 건강 습관과 더불어 책을 읽는 것 또한 습관을 바꾸는 일이다. 책을 읽는 습관 역시 그냥 체득되지 않는다. 습관화되지 않을 수 없는 환경을 만들어야 한다. 가령, 자가용 운전으로 책을 읽을 시간이 없으면 과감하게 차를 버리고 대중교통을 이용한다든가, 화장실이나 소파, 부엌 모든 곳에 책을 비치해 두거나, 하루에 10분만이라도 무조건 책을 읽는다는 목표로 알람을 맞춰 둔다거나 함께 책을 읽고 나누는 단체에 가입한다거나 함께 책을 읽고 나누는 동료를 구한다든가 하는 방법을 강구해야 실천이 되고 습관이 된다.

건강에 적신호가 오면 모든 일에 대한 자신감을 잃는다. 새로운 꿈은 고사하고 현재 하는 일에 대해서도 자신감을 잃게 된다. 나이가 들면서 두 가지는 반드시 해야 한다고 한다. 하나는 건강을 위한 운동이고 하나는 독서다. 운동은 외적 성장이고 독서는 내적 성장을 위한 것이다. 둘 중 먼저 해야 할 일은 외적 성장인 건강관리다. 건강에 적신호가 오면 모든 일에 자신감을 잃는다. 삶의 질이 급격히 떨어지게 될 것이다. 새로운 꿈은 고사하고 현재 하는 일에 대해서도 고민해야 하므로 내적 성장인 독서까지 생각할 여유가 없다.

두 가지의 평생 친구, 운동과 독서다. 그중에 한 녀석만 고르라면 운동이다.

전용 무대

　사람으로부터 존중받는 방법에는 어떤 것이 있을까? 일반적으로 사람들이 말하는 성공이란 것을 하면 된다. 성공이라고 하면 여러 가지 관점의 성공이 있겠지만 일단 돈을 많이 벌면 성공했다고 인정하는 것 같다. 진정한 인정일지는 모르지만 돈이 거의 모든 것을 지배하는 자본주의 세상에서 돈이 많으면 좋은 집, 좋은 옷, 좋은 음식을 비롯해서 원하는 대로 여행도 할 수 있고 즐거운 취미생활도 할 수 있기 때문에 자신에게도 좋을 뿐 아니라 남들로부터도 인정받게 되는 것 같다.

　그런데 돈은 주식이나 부동산 투자 등 돈으로 돈을 버는 방법도 있지만 어떤 성공의 결과로 벌게 되는 때가 많다. 학자로서 혹은 연예인이나 방송인으로 성공하거나 어떤 사람은 군인으로 또 어떤 사람은 운동선수로 성공할 수도 있다. 또는 기업에서 높은 직위에 올라 성공하는 사람을 생각할 수도 있다. 이처럼 사회적으로 인정하는 성공을 했을 때 대체로 다른 사람으로부터 인정받거나 존중받을 수 있다. 만약 그렇게 객관적으로 인정되는 성공의 결과로만 인정받고 존중받을 수 있다고 한다면 그 대상은 극히 제한될 것이고 나머지 사람들은 모두 들러리가 되고 말 것이다.

우리 모두는 우리에게 어떤 가능성이 존재하고 있는지 자신도 잘 모르는 경우가 많다. 그래서 현재의 나를 제한하지 말고, 자신이 좋아하는 것을 중심으로 끊임없이 도전해 나가다 보면 그것이 사회적인 성공으로 연결될 수도 있고 또한 경제적인 부분과도 연결될 수도 있다. 그렇지만 그런 도전의 결과가 반드시 사회적인 성공과 경제적인 부분과 연결되지 않을 수도 있다. 사회적인 성공과 경제적인 성공은 사회가 만들어 놓은 여러 가지 성공 중에 하나일 뿐이고 상대적인 개념이 적용된다. 가령, 제법 많은 부를 축적했다고 하더라도 그 수준이 상대적으로 낮은 위치에 해당된다면 성공했다고 볼 수 없게 된다.

이런 관점에서의 성공으로 이루어지는 타인의 인정과 존중 대상은 그 범위가 극히 제한될 수밖에 없어 극히 소수만이 인정과 존중감을 느낄 수밖에 없고, 나머지는 그 인정과 존중받는 사람을 위한 엑스트라 내지는 관객으로 머물고 말게 될 것이다. 소중한 우리 모두가 주인공이 되는 방법은 없을까? 무대를 바꾸는 것이다. 모든 사람들이 경쟁하는 무대가 아닌 나만의 무대를 만드는 것이다. 나의 무대를 만들고 다른 사람을 관객으로 만들고 내가 주인공이 되는 방법이다.

그렇게 한다고 해서 내가 주인공이 될 수 있을까? 우리가 사는 세상은 나 혼자 사는 세상이 아니라 여러 사람이 함께 만들어 가는 곳이다. 그래서 남들이 만들어 놓은 세상 기준에 완전히 독립적으로 살 수는 없는 노릇이다. 남이 만들어 놓은 기준에 의해 인정받는 사람은 그 사람대로 인정을 해주고 나는 나만의 삶의 가치와 기준을 정해 놓고 거기에 맞춰 살면 되는 것이다. 그렇게 살면 다른 사람이 만들어 놓은 가치 기준에 쉽게 휩쓸리지 않고 그것은 그것대로 인정해주되 나는 나의 가치 기준에 맞춰 주인공으로 살아가면 되는 것이다.

그렇게 하기 위해서는 내가 정한 기준이 정의롭고 선하고 진리에 가까울 때 가능하다. 그렇지 않으면 내가 만든 기준도 수시로 흔들릴 수 있기 때문에 다시 남이 만들어 놓은 기준에 맞춰 사는 길로 돌아가기 쉬운 것이다.

이러한 자신만의 무대인 자신만의 가치에 의한 무대 형성은 자신의 의식 성장을 통해서만 가능하다. 여러 번 언급했듯이 의식 성장에 가장 도움이 되는 것은 바로 '책'이다. 책을 통해 의식 성장이 이루어지면 내가 쉽게 흔들리지 않게 되고 나만의 기준에 해당하는 삶의 가치와 의미를 정립할 수 있게 된다. 그때부터는 자신이 정한 삶의 가치와 의미라는 기준에 비춰서만 자신이 좌우되는 것이다.

그렇다고 한 번 정한 나만의 무대에 그냥 안주해서는 안 된다. 자신의 무대를 절대적인 가치 기준에 맞추어 나가기 위해 끊임없이 성장시켜 나가야 한다. 그렇게 노력하다 보면 그 무대를 바라보는 남의 시선조차도 존중과 인정의 시선으로 바뀌어져 있을 것이다. 그때가 바로 우리가 존중받고 인정받는 삶으로 변화되는 시점이다. 나만의 전용무대를 만들어 가자.

2편

·

꿈꾸는 나

·

삶의 키워드

　필자는 다른 사람으로부터 '열정'이 참 많은 것 같다는 말을 종종 듣는다. 그 말 속에는 내가 진정 듣고 싶어 하는 "너 참 명석하다. 너 참 똑똑하다."는 아니지만 참 열심히 산다는 얘기를 하고 싶었을 것이다. 과거부터 그렇지는 않았던 것 같은데 내가 언제부터 열정이 많았을까? 나를 닮은 장성한 자녀들을 봐도 그렇다. 부모의 눈으로 봐서 그런지는 몰라도 냉소적인 데다 열정이라고는 거의 느껴지지 않는 녀석들이라서 옛날 내 모습을 보는 것만 같다.

　스스로 부족한 나를 채우기 위해서 열심히 살다 보니 열정이 많아진 것인지 원래 열정이 많은 건지 잘 모르겠지만 아무튼 주위 사람들로부터 열정이 많은 사람이란 평가를 받는다. 나의 경우는 아무래도 나 스스로 부족한 부분을 열심히 보충하려고 노력하다 보니 열정이 생긴 것 같다. 그러나 부족한 부분이 많은 사람이라고 해서 모두 열정이 많은 것은 아닐 것이다.

필자는 지방에서 대학을 마치고 서울에서 직장생활을 시작하여 대기업에 작은 계열사 대표까지 지냈다. 초고속 인터넷 붐과 함께 급속히 성장하는 회사에서 근무한 덕택에 이른 나이에 임원으로 승진하기도 하고 책을 번역하기도 하고 출간도 했다. 이렇게 표면적으로 보이는 나를 포함해서 지금도 끊임없이 성장하고 있는 나의 모습을 바라볼 때면 내가 태어나면서 부모로부터 받은 능력으로는 설명할 수 없을 정도로 큰 성장을 이루어가고 있다는 생각이 든다. 이러한 나의 삶 뒤에는 부모로부터 받은 '역량'만으로는 설명이 안 되는 힘, 그것이 바로 사람들이 얘기하는 '열정'이 아니었나 생각한다.

누구나 좋은 삶의 조건을 갖고 태어나고 싶을 것이다. 태어나보니 아버지가 재벌이라면 좋을 것이다. 점점 더 미리 많이 가진 사람들이 더 유리하게 되는 세상임을 감안할 때 태어나면서부터 다른 사람보다 더 부유하면 아무래도 살아가는 데 도움이 될 것이다.

사람이 살아가는 데 도움이 되는 좋은 조건에는 어떤 것이 있을까? 우선 앞에서 얘기했듯이 상대적으로 부유한 집안에 태어나면 인생을 시작하는 데 도움이 될 것이다. 부유한 출발이 오히려 해가 되는 경우도 있기는 하지만 평균적으로는 유리하다는 데는 이견이 없을 듯하다. 그리고 우수한 두뇌를 들 수 있겠다. 지능이 높더라도 노력을 하지 않으면 어쩔 수 없지만 아무래도 지능이 높은 사람이 그렇지 않은 사람에 비해서 삶에 도움이 되는 것 같다.

삶을 영위하는 데 가장 큰 영향을 미친다고 볼 수 있는 부의 크기와 지능 수준 이외에도 강건한 체력, 예술계통에서의 재능 그리고 뛰어난 외모와 같은 것이 유리한 도구가 될 것이다. 이런 도구를 이용해서 어떤 사람은 회사원으로 어떤 사람은 선생님으로 또 어떤 사람은 의사나 변호사 같은 전문인으로 또 어떤 사람은 예술인으로 맡은 분야에서 재능을 발휘하며 살아간다. 그런데 부모로부터 받은 이와 같은 조건이나 재능은 바꿀 수가 없다. 내 마음에 들든 들지 않든 주어진 조건이나 재능을 가지고 살아갈 수밖에 없다.

필자는 이러한 삶의 조건이나 재능에서 상대적으로 유리한 것과는 거리가 먼 사람으로 태어났다. 태어나 보니 아버지는 재벌이 아니라 도장을 파서 가계를 꾸려나가는 분이었고 항상 한 달 살 것을 걱정해야 하는 빠듯한 형편의 집안이었다. 다행히 나는 2남 2녀 중 장남이었기에 동생들에 비해 집안의 많은 혜택을 누린 편이었지만 항상 어려운 가정형편 속에 자라야 했다. 나의 지능지수는 평균보다 못한 수준에 속한다. 그래서 나만의 다양한 방법을 동원해서 부족한 지능을 대체했다. 반복 암기기법을 이용한다든가 메모를 잘 활용하는 습관을 통해서 부족한 지능을 보완하거나 다른 사람보다 더 많은 시간을 투여해서 부족한 지능을 메워 나갔다.

체력은 더 보잘것없다. 학창 시절부터 각종 운동에 소질이 없었을 뿐 아니라 지금은 이미 양쪽 다리를 수술하여 몇 가닥의 인대로 겨우 버티고 있고 치아를 비롯해서 온몸이 부실한 상태다. 음악, 미술 등 예술적인 재능도 변변찮아 그것으로 벌이를 하겠다는 생각은 꿈에도 해본 적이 없다. 이처럼 필자가 부모로부터 받은 삶의 조건은 보기에 따라서는 불평불만의 대상이 되기에 충분한 상태였다고 볼 수 있다.

가끔 '나는 왜 이렇게 부족하게 태어났지?' 하면서 부모님의 유전자 중 좀 더 좋은 유전자를 가지고 태어났으면 좋았을 거라는 생각도 해

봤지만 어떻게 하겠는가? 그냥 태어나면서 부모님으로부터 물려받은 조건과 재능을 가지고 최선을 다하여 살 수밖에 없는 것이다. 그처럼 부모로부터 받은 조건과 재능을 가지고 최선을 다해 사는 삶 그것이 바로 열정적인 삶이 아닐까 생각한다. 우리는 '열정'을 가지고 주어진 조건을 활용해서 최선을 다해 살 수밖에 없는 것이다.

그런데 좋은 조건에 재능이 많은 사람이 열정마저 크다면 재능이 보통인 사람보다 나은 삶을 살게 될 것이다. 상대적으로 재능이 못한 사람은 아무리 노력해도 재능이 높은 사람보다 더 나은 삶을 살기는 쉽지 않았을 것이다. 다행(?)인지는 모르겠지만 가진 것이 많은 사람일수록 열정까지 높은 사람은 드물다. 그래서 보통의 재능을 가진 사람이 열정을 갖는다면 그만큼 더 나은 삶을 살 수 있는 기회가 생기는 것이다. 그리고 가진 재능이 너무 부족하게 태어난 사람들 또한 열정을 갖기 어렵다. 미리 포기하거나 좌절하는 경향이 높기 때문이다. 그래서 보통 사람이 열정을 가지고 살면 평균 이상의 삶을 살 수 있는 것이다.

여기서의 삶의 수준은 부의 정도만을 가지고 말하는 것은 아니다. 찰스 핸디는 '헝그리 정신'에서 인간을 세 가지 심리적 유형 즉, 생계유지형과 외부지향형 그리고 내부지향형으로 소개하고 있다.

생계유지형은 금전적 욕구와 사회적 안전을 목적으로. 외부지향형은 외부로부터 존경과 인정을 목적으로, 마지막 내부지향형은 개인적인 성숙과 자아실현에 높은 관심을 두고 사는 사람들이라 한다. 대부분 사람들은 처음엔 생계유지형으로 접근하지만 생계유지형의 삶에 어느 정도 만족하게 되면 외부지향형의 삶을 산다고 볼 수 있다. 그렇지만 삶의 마지막은 내부지향형적 삶에서 완성이 되는 것이 아닌가 생각한다. 여기서 언급한 삶의 수준은 이 세 가지 삶의 유형을 종합한 삶의 정도를 의미한다.

어떤 일을 시작하든지 처음부터 열정을 갖지 않고 시작하는 경우는 거의 없다. 회사에 갓 들어온 신입사원들의 눈을 본 적이 있는가? 신입사원 때부터 썩은 동태눈으로 열정 없이 일하는 사람은 없지 않는가? 새로운 일을 시작하는 사람들은 언제나 열정이 넘친다. 새로운 일과 조직에 대한 호기심과 기대 그리고 희망으로 가득 차 있기 때문에 활기가 넘친다. 그래서 회사에서는 초심을 강조한다. 초심은 어떤 일을 시작할 때 가졌던 마음가짐인데 이런 초심을 계속 유지할 수 있다면 참으로 열정적인 조직상태를 유지할 수 있을 것이다.

초심이 열정의 상태를 나타내는 하나의 단어라면 또 다른 단어로 열정의 상태를 표현하면 '설렘'이다. 초등학교 시절에 소풍 가기 전날 들뜬 상태나 다음 날 공식석상에서 큰 상을 받기로 되어 있는 전날 저녁의 마음 상태 또는 새로운 이성을 소개받기 전의 마음이 설렘의 상태가 아닐까 싶다. 이렇게 설렘이 가득한 상태로 매일의 일상도 대할 수 있다면 우리는 열정적인 상태에 있다고 할 수 있을 것이다.

매일 아침에 출근하는 일에 마음 설레는 사람이 몇 명이나 될까? 입사 초기에는 그런 마음을 가졌을는지 모른다. 그러나 1~2년이 지나고 매일 같은 일이 반복되는 상황에서 "회사 가는 일이 설렌다."라고 하는 사람이 있다면 그 사람을 이상한 눈으로 쳐다볼 것이다.

이러한 설렘이나 초심을 잘 간직하는 것이 열정적인 상태를 오래 유지하는 것이라면 어떻게 하면 더 오래도록 열정적인 상태를 유지할 수 있을까? 사람에 따라 차이는 있는 것 같다. 어떤 사람은 상대적으로 모든 일에 열정이 높은 사람이 있는 반면에 어떤 사람은 쉽게 싫증을 내고 열정도 금방 수그러드는 것 같다. 그렇지만 노력하기에 따라 열정을 더 오래 유지할 수 있는 방법이 있다고 생각한다.

　이러한 열정은 바람개비와 같아서 내가 가만히 서서 열정의 바람이 불어오기를 기다려서는 지속적으로 열정을 유지할 수 없다. 내가 앞으로 달리면 달리는 만큼 열정의 바람개비는 더 빨리 돌아가고 더 오래 유지되는 것 같다. 열정의 바람개비를 지속적으로 돌려주는 바람이 꺼지지 않는 방법을 필자의 경험을 통해서 찾아보기로 하자.

갑질로부터 해방

갑을 문화가 사회 이슈가 된 적이 있다. 박근혜 정부가 들어서면서 대기업들의 갑문화가 사회적인 문제로 언론에 부각되고 있다. 어느 사회든 갑과 을의 입장이 존재하기 마련이다. 정도의 차이가 있을지언정 완전 갑의 입장에 있는 일이나 조직을 찾기는 쉽지 않을 것이다. 과거 갑의 행세를 하던 많은 직업군이 이젠 고객 중심으로 바뀌면서 '고객'이 갑의 자리를 차지하는 모양새로 바뀌고 있는 것 같다. 법률, 의료, 교육서비스 등이 거기에 해당하는 직종이 아닐까 싶은데 아직도 권한이 많고 보수 수준이 높아 갑의 입장이 물씬 풍기는 업종이기는 하지만 분위기는 많이 달라졌다.

법률시장만 보더라도 고시만 패스하면 앞날이 보장되던 시대와는 완전히 달라졌다. 법률서비스를 받겠다는 고객을 끌어오지 못하면 바로 굶는 시장으로 바뀌었다. 고객이 갑이 되는 서비스로 변하고 있다는 뜻이다. 의료서비스도 마찬가지다. 대형병원, 전문병원이 아니고서는 환자를 끌기 힘들다. 요즘 각 병원의 건강진단센터에서 고객을 대하는 의사나 간호사의 태도를 보면 절로 고객이 왕이 되었다는 생각이 든다. 교육서비스도 마찬가지다. 교수들이 수요자인 학생들로부터 평가받고, 교수들이 학생을 끌어오고 졸업생을 취업시켜야 하는 세상이 되었다. 이처럼 고객 중심의 조직으로 바뀌었다는 것은 고객이 갑의 대우를 받기 시작하는 바람직한 변화를 의미한다.

미래학자인 다니엘 핑크가 『파는것이 인간이다』에서 넓은 의미로 따져보자면 미국인의 70%가 타인을 설득하고, 납득시키는 일, 즉 영업과 관련된 일을 하고 있다고 주장했듯이 과거 갑의 위치에 있던 법률, 교육, 의료서비스에서조차도 뭔가 부탁하고 뭔가 팔아야 하는 입장에 있는 사람이 많아지게 되었다.

타인에게 뭔가 부탁하고 파는 일을 하는 사람들은 늘 을의 입장이 되기 마련이다. 특히 직접적인 판매 업무에 종사하는 보험상품 판매나 TM으로 어떤 물건을 파는 직원들 입장은 전형적인 을의 입장에 있다고 볼 수 있다. 회사로 보면 본청회사와 하청회사와의 관계에서 하청회사가 을의 입장에서 일을 하는 예가 된다. 이런 입장에 있는 직원이나 회사가 일을 맡기는 회사의 직원으로부터 비인간적인 대우를 받거나 모멸적인 상황을 당할 때 하는 일에 대한 열정을 유지하는 것은 쉽지 않다.

그러나 이러한 상황에서도 열정이 있으면 을의 입장에서 갑과 같은 입장에 놓일 수가 있다. 열정적인 사람은 일을 하면서 만나는 사람에 좌우되는 것이 아니라 일 자체만을 보고 일 자체만을 즐기기 때문에 열정을 유지할 수 있는 것이다.

자회사에서 근무하는 직원들은 모회사 직원들에 비해 을의 입장에 놓여있고, 아웃소싱 회사는 아웃소싱을 준 회사가 갑이다. 이처럼 갑이 아닌 을의 입장에 있는 회사에서 근무하는 직원들은 늘 갑의 회사로부터 업무를 지시받는다. 간혹 터무니없는 지시에도 불구하고 아무말 없이 고개만 끄떡일 수밖에 없을 때가 많다. 틀린 얘기는 아니지만 현실에 맞지 않는 얘기라서 그냥 받아들이기는 어렵지만 어쩔 수 없이 받아들일 수밖에 없는 경우가 많다. 가슴속에서는 울컥하는 것이 있어도 참아야 할 수밖에 없다.

이러한 상황에 놓였더라도 열정이 있으면 극복할 수 있다. 사람을 생각하면 힘들다. 사람의 나이를 생각하고 그 사람의 과거를 생각하면 안 된다. 일 자체만 생각하고 그 일에 열정을 가지면 사람의 문제는 쉽게 극복할 수 있다.

친한 친구에게 보험상품을 소개하게 되었다고 가정해 보자. 그 친구는 학교 다닐 때 단짝으로 은근히 경쟁관계에 있었던 친구였는데 현재는 돈 많은 남편 만나서 좋은 집에서 편안히 살고 있는 친구에게 내가 보험 상품을 판매하기 위해 만나게 된 것이다. 오늘은 세 번째 만나는 날인데 그 친구는 가입할 듯 말 듯 하면서 말을 돌리면서 은근히 나의 자존심을 긁고 있을 때 나는 어떻게 할 것인가?

이 상황에서도 일에 대한 열정이 있으면 그 상황을 극복할 수 있다. 오히려 그 친구를 도와줄 수 있는데 그렇지 못해 안타까운 시선으로 그 친구를 대할 수 있다. 다시 말해 사람이 아니라 상품. 즉 일에 집중하는 것이다. 그렇게 일 자체에 열정을 쏟다 보면 을의 입장에서 벗어날 수 있는 것이다. 삼성생명 일반 사무직에서 연봉 13억의 명예상무가 된 배양숙 상무는 다음과 같이 말했다.

"나는 내 업業의 가치를 믿어. 업의 개념이라는 말이 요즘 유행하는데, 보통은 보험회사 재무설계사라고 하면 지인을 이용해서 어떻게든 보험 하나 들게 만들려는 그런 사람으로 생각해. 사실은 그게 아닌데……. 그러다 보니 재무설계사가 만나고 싶지 않은 사람 피하고 싶은 사람이 되어 있는 거지. 그런데 보험이라는 글자를 보면 '보호할 보'에 '위험 험' 자를 써. 즉 위험을 보호한다는 거지. 그런데 위험이라는 거는 누구나 나는 안 닥칠 거라고 생각하잖아. 사실은 위험이라는 거는 내가 원하지 않는 상황이 오는 거고 그게 어떤 형태로 오는지는 알 수가 없잖아. 그런 차원에서 보면 굉장히 중요한 일이지."

자신이 하는 일에 대한 가치를 발견하고 그 가치로 자신을 무장하면 을의 입장이 되어 무엇을 팔든 을의 회사가 되어 지시를 받는 입장이 되든 열정을 가지고 일에 집중할 수 있다. 사람 간의 섭섭함을 극복할 수 있고, 열정이 을의 관계도 극복할 수 있게 하는 것이다.

열정의 중요성에 대해 강조한 사람은 어디서나 쉽게 찾아볼 수 있다. 세계적으로 가장 존경받는 기업인 중 한 사람으로 GE의 전설적인 전 CEO였던 잭 웰치는 열정은 승자와 패자를 구분하는 기준이라고 했고, 일본의 기타가와 야스시는 『편지가게』에서 실패한 자와 성공한 자의 차이는 바로 열정이라고 했다. 이들이 말하는 공통점은 열정이야말로 인생을 성공의 길로 이끄는 키워드임을 얘기해주는 것이다. 인생의 키워드, 그것은 열정이다.

열정의 좀벌레

처음의 열정이 시간이 지나면서 왜 식게 되는 걸까? 익숙함이다. 무슨 일이든 익숙해지면 열정이 시들해지기 마련이다. 어느 정도 배울 것 배우고 주위 환경도 익숙해지고 만나는 사람도 늘 같은 사람인 데다가 오래 근무하다 보면 상하·동료관계 속에서 부딪히게 되고 갈등도 일어난다. 이렇게 지루한 일상이 반복되다 보면 처음 가졌던 열정이 서서히 사라지게 된다.

삶에 있어 열정이 중요하지만 이 열정을 유지하는 것이 쉽지 않다. 사람에 따라서 다르기는 하지만 대부분 사람들은 어떤 일을 반복하고 익숙해지면 매너리즘에 빠지고 처음 가졌던 열정은 시들해지기 마련이다. 혹은 하고 있는 일에 보람을 찾기 힘들거나 미래의 발전에 의문이 가기 시작할 때 열정이 사라지게 된다. 그렇지만 모든 일이 그렇듯이 그때부터가 중요하다. 어떤 일이든 익숙해질 때가 위기인 것이다. 그 익숙함을 돌파하는 힘도 바로 열정인데 그 열정이 그 익숙함으로 인해 시들어 버린 것이다.

현재 일에 열정이 식어버리면, 사람들은 나아 보이는 새로운 일을 찾아 기웃거리게 된다. '보다 쉬운 일은 없을까?', '쉽게 돈을 버는 방법은 없을까?'를 수시로 떠올리게 되고, 현재 직면하고 있는 일에 대한 부정적인 면이 더 크게 부각되면서 열정은 더욱 수그러들게 되는 것이다.

이런 익숙함에서 탈피하여 새롭게 열정을 갖기 위해 제일 좋은 방법은 익숙해진 일을 버리고 새로운 일을 찾아 나서는 것이다. 그렇게 해서 새로운 일을 찾게 된 후 시간이 지나게 되면 또다시 익숙해질 것이고 그러면 또 열정이 시들하게 되는 일을 반복하게 된다. 다시 말해 현재 일에서 열정을 유지하지 못하는 사람은 어떤 일을 만나도 비슷한 상황을 반복하게 될 가능성이 높다는 뜻이다.

그래서 현재 일에 열정을 갖는 것이 중요하다. 익숙함이 찾아오더라도 열정을 잃지 않고 열정을 유지하는 것이 중요한데 그렇게 하기 위해서는 현재 하는 일을 늘 새롭게 대하는 방법을 배워야 한다. 익숙해지는 일을 새롭게 바라보는 방법! 그것만이 우리의 열정을 지속적으로 유지할 수 있게 해준다.

자신이 하는 일 중에는 분명히 자신과 맞지 않는 일도 있을 것이다. 그런 일에 지속적으로 열정을 투입하는 일은 쉽지 않는 법이다. 하지만 그 일이 자신에게 맞는 일인지 아닌지에 대해서 판단하기 이전에 적어도 6개월 이상 자신의 열정을 쏟은 후에 판단할 일이다. 그럼에도 불구하고 맞지 않는 일이라면 새로운 일을 찾아 열정을 쏟는 편이 열정을 유지하는 데 도움이 될 것이지만 6개월도 제대로 해보지 않고 포기해서는 다른 새로운 일에서도 마찬가지 결과가 나올 것이 자명한 것이다.

열정은 익숙함과 동시에 떨어지기 시작하지만, 그때가 바로 열정을 유지하기 위해 새로운 시각으로 일을 바라볼 때임을 명심해야 한다. 익숙함과 동시에 사라지는 열정을 더 오래 유지하고 새로움을 유지할 수 있는 방법을 찾아보자.

긍정적이어야 할까?

긍정적인 태도, 정말 중요하다. 긍정적인 태도가 중요하다는 말은 수도 없이 들었을 것이다. 그래도 또 언급해야겠다. 열정적인 삶에서 긍정적인 태도는 필수적이다. 수시로 줄어드는 열정을 회복시켜 주는 가장 기본적인 힘은 긍정적인 태도에서 시작한다.

왜 긍정적인 태도가 열정을 오래 유지시켜 줄 수 있을까? 앞에서 익숙함이 우리의 열정을 좀 먹는다고 했다. 어떤 일에 익숙해지면 요령이 생긴다. 덜 노력하고 덜 고민해도 현재를 유지할 수 없을까 하는 생각으로 옮겨가게 되고 새로운 일에 대한 막연한 기대감도 싹트게 된다. 이러한 생각들은 현재 하는 일에 대한 부정적인 생각으로 옮겨 가게 된다. 부정적인 태도를 가진 사람은 그 익숙해진 상황에서 주어진 일만 하고 나머지는 다른 곳에 눈을 돌리고 딴생각을 하게 되면서 현재 하는 일에는 더욱 열정이 떨어지게 되는 것이다.

이런 상황에서 긍정적인 태도를 가진 사람은 현재 하는 일에서 새로운 방법을 생각하게 된다. 더 효과적인 방법과 더 체계적인 방법 그리고 더 많은 성과를 낼 수 있는 방법을 찾게 된다. 다시 말해 현재 하는 일에 더 충실할 수 있는 방법을 찾아 더 좋고 새로운 방향으로 일하는 방법을 찾게 되는 것이다. 당연히 긍정적인 태도를 가진 사람이 조직에서 더 환영받게 되고 그 사람에게는 보다 높은 단계의 새로운 일이 주어지게 될 가능성이 높아지는 것이다.

그러면 왜 긍정적인 자세를 가진 사람이 조직에서 환영받고 좋은 평가를 받을 수밖에 없을까? 긍정적인 자세를 가진 사람은 어떤 일이 주어졌을 때 되는 방법을 생각하지만 부정적인 사람은 되지 않는 이유, 즉 변명거리를 먼저 찾기 때문이다. 당연히 되는 방법을 생각하는 사람의 일은 이루어질 가능성이 높아질 수밖에 없다. 상사와 부하 A, B가 이런 대화를 나누고 있다고 생각해 보자.

A는 상사에게 "본부장님, 이번 건은 1, 2, 3 세 가지 문제 때문에 도저히 안될 것 같습니다."라고 하는 반면 B는 유사한 보고서를 가지고 와서 상사에게 하는 말이, "본부장님, 이번 건은 1, 2, 3 이 세 가지 문제만 해결하면 될 것 같습니다."라고 말했다고 해보자. 실제 B는 그 업무를 성사시킬 확률이 높아지게 되고 그 결과로 조직에서 더 인정받게 되는 것이다.

개인적인 계획을 세워도 마찬가지다. 회사에 다니면서 대학원에 갈 계획을 세웠다고 가정해 보라. 누구나 마찬가지로 회사 다니면서 대학원을 다닌다고 생각해 보면 대학원에 갈 수 없는 변명을 찾는 것이 훨씬 쉬울 것이다. 그렇지만 어떤 사람은 그런 상황 속에서도 대학원에 갈 수 있는 방법을 찾고 실제로 많은 사람들이 그렇게 자기계발을 하고 있다. 주어진 상황을 어떻게 보느냐에 따라서 그 결과는 확연하게 달라진다.

여러분이 24시간 편의점을 운영하게 되었다고 생각해 보자. 스스로 매장을 지키며 모든 매장 운영을 혼자서 다 할 경우는 문제가 없지만 매장 규모가 커지면 아르바이트와 같은 직원들을 활용하게 된다. 이때 여러분들은 어떤 직원들을 고용할 것인가? 두말할 것도 없이 긍정적이면서 자기 일처럼 해주는 사람을 채용할 것이다. 내가 다른 회사에 근무할 때도 마찬가지다. 규모만 커진 것일 뿐 자신을 고용하는 사람이나 상사는 당연히 긍정적인 사람을 원한다.

필자는 30여 년간 직장생활을 하면서 수없이 많은 직원들을 발탁해 왔다. 그때마다 새로운 자리에 직원을 선발하는 가장 중요한 기준은 '긍정적인 직원'이었다. 실력이 우수한가의 여부는 그 다음이다. 비슷한 실력인 경우는 말할 것도 없고, 다소 실력이 떨어지더라도 긍정적인 직원이 우선적으로 선발된다. 내가 개인사업을 할 때 원하는 바로 그 사람을 내가 소속된 기업에서도 원한다는 사실이다. 바로 긍정적인 사람을 회사는 원한다.

긍정적인 방향으로 생각하는 것이 중요하다. 부정적인 방향으로 생각하면 처음부터 생각이 막혀 버린다. 부정적인 사람들에게 있어서 어떤 일의 시작은 완벽한 상태가 되지 않으면 안 된다. 그러나 세상의 모든 일을 완벽하게 갖추어진 상태에서 시작할 수는 없다. 능력 면에서도 그렇고 경제적인 측면에서도 그렇고 경험적인 측면에서도 그렇다. 모든 것이 갖추어진 완벽한 상황이란 잘 오지 않는다.

긍정적인 방향으로 생각하는 사람은 더 창의적일 수가 있다. 되는 방법을 생각하기 때문이다. 이렇게 해보면 안 될까? 저렇게 모양을 바꿔보면 어떨까? 덧붙여 보면 어떻게 되지 않을까? 색깔을 바꾸면? 이와 같이 다양한 방법을 시도하면서 되는 방향으로 생각하기 때문에 더 창의적이게 되고 고정관념에 사로잡히지 않는다. 조직에서 더 창의적이고 고정관념에서 벗어나 시야가 넓은 사람을 좋아하는 것은 당연한 이치가 아니겠는가?

세계적인 성공학 연구자인 나폴레온 힐은 『당신 안의 기적을 깨우라』라는 책에서 이런 말을 했다. "긍정적인 정신 자세는 실패와 좌절, 역경 속에서도 '그에 합당한 보상의 씨앗'을 찾아내 그 씨앗을 자신에게 이익이 되는 방향으로 발아시키겠다는 의지다. 다시 말해 긍정적인 자세를 가질 때 비로소 불행에서 교훈을 얻을 수 있다. 긍정적인 정신 자세는 삶에서 원하지 않는 것을 떨쳐내고 대신에 상황을 끊임없이 원하는 방향으로 끌어가려는 의지다." 긍정적인 자세는 자신에게 불리한 상황마저 자신에게 유리한 방향으로 바꿀 수 있는 것이다. 사람에게는 늘 좋은 일만 일어날 수는 없다. 누구나 불행의 순간도 겪게 되지만 그 상황을 극복하고 나에게 유리하게 바꿔나가는 것은 긍정적인 태도에서 출발한다.

차동엽 신부는 『무지개원리』에서 돈을 잃어버리고서는 '돈 주운 사람 땡잡았겠구나!'라고 생각한다고 한다. 상황을 바꿀 수 없을 때는 관점을 바꾸란 말이다. 돈을 잃어버린 상황을 바꿀 수는 없다. 돈을 주운 사람 입장에서 생각하니 (관점을 바꾸니) 나에게는 아까운 돈이지만 다른 어떤 사람에게는 좋은 일이 생긴 것이니 좋게 생각하자. 이 상황에서 계속 그 잃어버린 돈에 집착한다고 생각해보자. 어떤 일이 일어날까? 돈은 여전히 잃어버린 상태에서 내 마음만 우울할 뿐이다. 그 생각에 일도 제대로 손에 잡히지 않을 것이다. 운전하다가 그 생각에 접촉사고라도 일어나면 더 큰 손해만 입을 뿐이지 않겠는가?

긍정적 삶을 극단적으로 표현하는 예로 감옥과 수도원의 삶을 비유한다. 감옥과 수도원의 생활은 완전히 다른 공간이지만 생각해 보면 특정 공간에 갇혀있는 동일한 상황으로 볼 수도 있다. 하지만 그 속에 있는 사람들의 태도는 확연히 다르다. 한쪽은 불평불만과 비난, 억울함을 토로하는 공간이지만, 다른 한 공간은 찬양과 기쁨과 희망이 넘치는 공간이다. 감옥도 긍정적으로 생각하면 수도원이 될 수 있다는 뜻이다. 감옥을 수도원 또는 도서관으로 생각하고 자기 수련의 장으로 생각하면 된다. 그러면 그 공간을 자신이 성장하는 공간으로 바꿀 수 있다. 그렇게 해서 모범수가 되고 정해진 기간보다 더 빨리 감옥생활을 마칠 수 있게 되는 것이다. 긍정적 사고방식이 주는 혜택이다.

실제 우리가 아는 사람들 중 많은 사람들이 감옥생활을 통해서 자신을 더 수양하고 지적 수준을 높여 우리에게 또는 사회에 영향을 끼쳤다. 김대중 대통령이 그랬으며, 간디가 그랬고 또 어떤 사람은 수감기간을 이용해 평소에 못하던 운동을 정기적으로 해서 출소할 때에 몸짱이 되어 나온 사람도 있다. 같은 상황에 어떤 사람은 불평불만만 하면서 세상을 저주하는 동안 어떤 사람은 그 상황에서 새로운 인생을 개척하는 시간을 만들 수 있는 것이다.

미 해병대 체스티 풀러Chesty Puller 장군은 아군이 적군에게 완전히 포위돼 고립되었다는 보고를 받자 이렇게 말했다고 한다. "우리는 포위됐다. 덕분에 문제는 간단하다! 이제 우리는 모든 방향으로 공격할 수 있다!" 적에게 완전히 포위된 상황에서 장군이 병사들에게 부정적인 애기를 하고 좌절하는 모습을 보인다고 달라질 것이 없다. 오히려 현 상황을 극복할 수 있다는 자신감을 내보이며 병사들을 독려하는 것이 더 나은 결과를 가져온 것이다.

긍정심리학의 창시자 마틴 셀리그만은 "긍정적이고 낙관적인 사람은 세상과 자신에 대해 보다 많은 에너지와 열정을 갖고 나아가 면역체계도 강해져 정신적으로나 육체적으로 활동할 수 있는 에너지도 더 많다. 그래서 성공하고 행복한 삶을 살기 위해서는 세상을 긍정하고 만나는 사람들을 존중해야 한다."라는 말을 했다. 이처럼 긍정적인 태도는 우리의 면역체계도 바꾸어 육체적으로도 도움이 된다고 한다. 육체적으로 건강한 사람이 더 열정적으로 되는 것은 너무나 당연하다.

또, 긍정적 사고방식이 중요한 것은 실행력과 연계되어 있기 때문이다. 다시 말해 긍정적으로 사고하면 실행력이 높아지는 것이다. 실행력은 정말 중요하다. 아무리 좋은 계획과 아이디어도 실행력이 없으면 아무 소용이 없다. 조직에서 수많은 생각들이 실행되지 않거나 방치되고 있는 경우를 많이 본다. 구슬이 서 말이라도 꿰어야 보배이듯이 실행력을 높여야 한다. 실행력을 높이는 데도 긍정적인 사고방식은 정말 중요하다. 실행 안될 일도 긍정적인 사고방식으로 극복할 수 있다.

"

일을 하다가 벽이 나타났을 때 '벽이 나타났습니다. 안 됩니다'라고
말하는 사람들을 제일 미워합니다.
'그 벽을 한번 뛰어넘어봐라, 아니면 옆으로 돌아가봐라,
아니면 땅을 파고 터널을 만들어라, 아니면 그냥 한번 밀어봐라.'
이렇게 말합니다. 온갖 시도를 하다 보면 안되는 일은 없다.
그것이 저의 체험적 경험의 소산입니다.

－『희망을 심다』 박원순 －

"

이처럼 긍정적인 사고방식은 일이 되는 방법을 고민하게 하기 때문
에 실행력이 높아진다. 자신이 하는 일의 실행력이 높아지면서 일이
되기 시작하면 열정도 덩달아서 더 높아지게 된다.

자녀들은 배신한다

우리의 인생은 누구의 것인가? 물어볼 것도 없이 내 것이다. 내 인생보다 더 소중한 것이 있을까? 사랑하는 사람을 위해 목숨을 바친다는 사람도 있지만, 그 사람도 따지고 보면 자신을 위해서 그렇게 한다. 자신이 사랑하는 사람에게서 인정받기 위해서 목숨을 바치는 것이니 자신을 위해 그렇게 한 것이다. 내 인생 누가 대신 살아줄 수 없다. 아무리 좋은 배우자라도 아무리 사랑스런 자녀라 하더라도 내 인생을 대신 살아 줄 수는 없다. 마음에 들든 들지 않든 내가 꾸려가는 수밖에 없다.

자녀를 위해 자신의 인생을 투입하는 사람들이 의외로 많다. 자녀에게 투자하면 언젠가는 돌아올 대가를 기대하면서 그렇게 하는 경우도 있고, 어떤 사람은 자녀에게 희생하는 것은 부모의 의무라서 그렇게 한다는 사람도 있고 또 어떤 여성들은 남편과의 관계가 불편해서 자녀에게 헌신하는 사람들도 있다고 한다. 그렇지만 모든 자녀들은 반드시 떠난다고 보는 것이 맞다. 특히 자녀들의 이성 친구가 생기면 거의 대부분 부모를 배신하고 떠난다. 설사 떠나지 않고 부모에게 잘하는 자녀라 하더라도 나의 인생을 대신 살아줄 수 있는 자녀는 없다. 또 그렇게 해서도 안 된다.

부모 입장에서도 자녀가 인생을 사는 데 도움을 줄 뿐이지 부모가 그 인생을 대신 살려고 해서도 안 되고 끼어들어서도 안 된다. 자녀의 독립적인 삶이 보장되어야 하고 나 또한 그런 삶을 보장받아야 한다. 어떤 이들은 자녀를 통해 자신을 실현하려고 하는 사람이 있다. 이런 부모들은 자녀가 성장하여 독립하게 되면 더욱 힘들어한다. 부모가 마음먹은 대로 자녀가 따라주지 않을 뿐 아니라 설사 따라 준다 하더라도 미래의 자녀가 부모의 기대대로 행동할 가능성은 거의 없다. 그렇기에 더 강한 배신감이나 상실감을 갖게 된다.

또, 어떤 가정은 부부간의 불화를 자녀에게 의지하여 해결하려고 하는 경우가 있다. 이 경우도 정상적이지 않다. 가령 남편에게 불만을 가진 여성이 자신의 자녀에게 모든 공을 들이고 자녀의 지지에만 신경을 쓰고 남편과의 문제는 그대로 내버려 둔 채 살아간다면 이 여성의 미래도 암담하기 마찬가지다. 자녀는 어느 시점에 독립하기 마련이고 남편과의 문제는 그대로 남고……. 이 경우 남편과의 문제를 먼저 해결하는 것이 먼저지만 그게 힘들 경우라 하더라도 자녀에게 자신의 모든 인생을 걸어서는 안 된다. 자신의 인생을 갖는 게 중요하다.

자녀에게 최고의 부모가 되는 방법은 무엇일까? 필자는 부모가 자녀 보기에 멋지게 사는 것이라고 생각한다. 내가 잘살면 된다. 내 인생이 있어야 한다. 내 인생의 주인은 내가 되어야 한다. 그렇게 살면 자녀도 잘살게 된다. 멋진 인생을 사는 엄마와 아빠가 되는 길이 자녀에 대한 최고의 교육이 되는 것이다. 자녀에게 올인하지 마라! 모든 자녀는 그들의 애인이 생기는 순간 배신한다.

사람의 비밀병기

　사람과 동물을 구분 짓는 결정적인 기준이 무엇일까? 진화론에 의하면 인류의 조상은 침팬지와 같은 유인원이었다고 한다. 원숭이나 침팬지가 사람과 확연하게 차이 나는 점은 웃을 수 있느냐 하는 점이라고 한다. 그렇지만 그들도 사람만큼은 아니지만 웃음을 짓기는 하는 것 같다. 또 어떤 사람은 소통능력이라고 말하다. 인간은 다른 어떤 동물보다도 더 정교한 소통을 할 수 있기 때문에 이 지구를 정복할 수 있었다고 한다. 인류 공동의 이익을 위한 소통이 지속될 수 있다면 이러한 최고의 소통능력으로 앞으로도 이 지구상에는 다른 경쟁자는 없을 것으로 생각된다. 또한 어떤 이는 인간만이 고기를 요리해서 먹는다고 한다. 이러한 인간의 특징 외에도 우리 인간을 동물과 다르게 구분 짓는 가장 큰 특징은 주도적으로 행동할 수 있는 무기를 가졌다는 것이다.

　사람들은 다른 동물에 비해서 상상력, 창의력, 양심, 독립의지, 자아의식과 같은 능력이 더 발달되어 있어 다른 동물에 비해 더 주도적일 수 있다고 한다. 이러한 기능이 동물에게도 전혀 없는 것은 아니지만, 양심이나 자아의식과 같은 능력은 사람에만 거의 발달되어 있는 것이 아닌가 싶다. 그리고 다른 기능들도 동물은 거의 본능적인 수준에 머무는 반면, 사람은 최고의 영장류답게 이러한 능력을 바탕으로 자신의 의지에 의해 주도적으로 행동할 수 있게 되는 것 같다.

우선 상상력이 풍부하기 때문에 미래를 위한 준비를 적극적으로 할 수 있다. 당장 맛있거나 좋은 것이 있어도 내 건강이나 혹은 미래를 위해 자제하거나 비축할 수 있는 능력이 있다. 본능에 따라 그대로 행동해 버리지 않고 참을 수 있는 것은 내가 주도적이기 때문에 그렇게 행동한 것이다. 만약에 내가 기르고 있는 강아지였다면 당장의 욕구를 채우기 위해 행동해 버렸을 것이다.

또한 우리는 자아의식과 독립의지라는 강력한 주도성 무기를 가지고 있다. 사람은 누구나 타인과는 구별되어 인정받고 싶어 하고 기본적으로는 스스로 독립적으로 행동하고 싶어 한다. 그래서 우리는 끌려다니지 않고 주도적으로 행동할 수 있다. 어쩔 수 없이 타인에 의해 끌려다니는 사람들도 근본적으로는 자신이 주도하고 싶어 한다. 그리고 끌려다니는 척하는 것 또한 자신의 의도에 의해서 그렇게 한 것이므로 주도적인 행동의 하나에 속한다고 볼 수 있다.

이처럼 우리 인간들은 충분히 주도적으로 행동할 수 있는 자질을 타고났음에도 불구하고 일상을 들여다보면 그렇지 못한 경우가 많다. 나도 모르게 비주도적인 삶에 익숙해져 있고 끌려다니면서 살면서 열정을 잃어버리게 되는 것이다. 우리는 일상생활에서 얼마나 주도적으로 행동할까? 일상에서 다음과 같은 말을 입에 달고 산다면 우리는 비주도적인 삶을 산다고 보면 된다.

"우리가 할 수 있는 것은 아무것도 없어."
"난 원래 그래."
"그 사람 때문에 그래."
"어쩔 수 없이 해야 해."
"나는 할 수 없어."
"나는 예산이 없어."

반면에 다음과 같은 말들을 하면서 우리의 행동을 바꿔 나가야 주도적이고 열정적인 삶을 살 수 있다.

"자, 대안을 찾아보자."
"다른 방법이 있을 거야."
"나는 내 감정을 조절할 수 있어."
"내가 선택할 거야."
"나는 할 수 있어."

주도적이면 삶이 즐거워진다. 그 삶을 내가 운전해 가기 때문이다. 남에 의해 사는 삶이 아니라 내가 살아가는 내 삶이기 때문이다. 대부분 운전을 해 본 적이 있을 것이다. 필자는 원래 운전을 못할 것으로 생각했다. 왜냐하면 차만 타면 멀미를 했기 때문이다. 그런데 지금 운전을 즐기며 잘 지내고 있다. 내가 직접 운전하기 때문에 멀미를 하지 않게 된 것이다. 내가 운전하지 않고 뒷좌석에 앉아 있으면 도로 상황이 어떻게 될지 모르기 때문에 신체의 평형기관이 흔들리게 되어 멀미를 하지만 앞좌석에서 운전을 하면 내가 미리 도로 상황을 알기 때문에 몸이 준비를 해서 멀미를 하지 않게 된다. 주도적으로 하면 운전도 즐거워지는 것이다.

그뿐이 아니다. 오래간만에 소파에 누워서 TV를 보다가 청소를 하려고 진공청소기를 가지러 가는데, 아내가 마침 "그렇게 TV만 보면서 빈둥거리지 마시고 청소 좀 하세요!"라고 말했다고 가정해 보자. 당장 청소기를 집어 던져버리고 싶을 정도로 청소하고 싶던 마음이 싹 달아날 것이다. 그렇다. 내가 주도해야 재미있다. 무엇이든 주도적으로 해야 재미있고 즐겁고 신나게 할 수 있는 것이다.

우리는 바쁜 일상 속에서 대부분 일정관리를 통해 중복된 일정을 조정하고 빈 시간을 잘 활용하기도 한다. 원래부터 바쁜 사람인 경우는 빈 일정을 찾기도 쉽지 않을 정도로 빼곡히 채워지겠지만 이런 사람일수록 더욱더 주도적으로 일정을 채워 나가야 한다. 먼저 중요하고 급한 일정을 채워 둔 뒤 나머지 일정을 채워 넣어야 한다. 그렇게 하지 않으면 바쁘기는 하지만 늘 일정에 문제가 생긴다. 끌려다니면서 일정을 소화하기 때문이다. 이렇게 남에 의해 끌려다니는 일정으로 바쁜 삶을 나도 모르게 즐기다 보면, 나도 모르게 남에 의해 주어진 삶을 살게 된다.

반면 특별히 정해진 일정이 없는 경우도 주도적으로 일정을 채워 나가야 한다. 먼저 주간, 월간 계획을 세우고 자신이 해야 할 일과 만나야 할 사람을 열거하고 상대방과 소통하지 않은 채 일방적으로 적어 넣은 일정은 붉은색과 같은 눈에 띄는 색으로 표기한 뒤, 주도적으로 일정을 채워나가야 한다. 상대방의 일정이 있기 때문에 내 의도대로 당초 정해진 일정대로 확정되지 않을 수도 있다. 그러나 주도적으로 일정을 채워나가면 거의 자신이 원하는 시간에 원하는 사람을 만날 수 있고 원하는 일을 할 수 있게 되는 것이다.

주도적으로 행동하면 오래도록 열정을 유지할 수 있다. 익숙해지는 상황을 변화시킬 수 있기 때문이다. 또한 현재의 지루한 일도 새로운 방식으로 접근하게 되고 매일 하는 일도 더 적극적인 태도로 하기 때문에 열정적일 수 있다. 그리고 새로운 변화에 두려워하지 않게 된다. 오히려 그 변화를 미리 즐길 수 있게 된다. 같은 변화에 대응하더라도 어쩔 수 없이 변화에 적응되는 것과 주도적으로 변화에 대응하는 것은 접근 방식이 다르다. 그 변화를 주도하면서 즐기게 된다. 당연히 열정은 불타오를 수밖에 없다.

주도적이지 못한 사람들의 조직생활은 활력이 없다. 그냥 시키는 대로 하니까 그렇다. 심지어는 끌려다니면서 일한다. 어차피 해야 할 일을 꼭 기간을 채우거나 최대한 정한 기간까지 버틴다. 그러다가 기간이 지난 뒤에 추가적인 일정을 달라고 부탁하고 그렇게 해서 말미를 연장하는 것을 습관처럼 한다. 이처럼 끌려다니면서 일하는 사람들은 늘 일정이 펑크 나기 쉽고 하지 않아도 될 야근을 하면서 불평하고 피곤해한다. 마치 어린 시절 방학 때 숙제하는 식이다. 마지막까지 미뤄뒀다가 결국은 다 하지 못하고 방학이 끝나면 대충 마무리해서 찜찜한 마음으로 학교에 간다. 그렇게 해서는 주어진 일을 재미있고 열정적으로 할 수 없다. 주도적인 삶이야말로 더 열정적이고 더 활력적인 삶을 가져다준다.

애티튜드

어떤 상황에서도 주도적인 삶을 살면 좋겠지만 태생적으로 어떤 사람은 더 주도적인 반면, 또 어떤 사람은 수동적이기도 하다. 개인의 성격에 따라 어느 정도 영향을 받는 것 같다. 조직에서 모든 사람이 다 주도적이라고 가정해 보면 그 조직도 원활하게 굴러갈 것 같지는 않다. 어떤 사람은 주도적인 반면, 또 어떤 사람은 다른 사람이 추진하는 일에 그냥 따라가 주어야지 모두 앞서서 주도적으로 추진하는 사람들만 모여 있으면 일이 제대로 될 것 같지 않다는 생각이 든다.

그렇지만 이 말은 틀렸다. 전사적인 차원에서 보면 앞에서 주도하는 업무가 있고 뒤에서 지원해 주어야 하는 업무가 있을 뿐이지 자기가 맡은 분야의 역할에 대해서는 모든 사람이 주도적일 수 있고 주도적이어야 한다. 자신의 역할과 책임이 다를 뿐이지 어떤 순간 어떤 자리에 있더라도 주도적일 수 있다.

어떤 사람들은 자신이 가진 권한이 너무 없어 그냥 시키는 대로 할 뿐이라고 한다. 그렇지 않다. 권한이 많은 사람은 많은 사람대로, 권한이 적은 사람은 적은 대로 주도적일 수 있다. 『펄떡이는 물고기처럼』에서는 다음과 같이 우리들이 어떤 상황에서도 주도적일 수 있음을 웅변하고 있다.

"비록 당신이 어떤 일을 하는가에 있어서 선택의 여지가 없다 하더라도 어떤 방법으로 그 일을 할 것인가에 대해서는 항상 선택의 여지가 있다."

그렇다. 우리 조직의 최말단에서 근무하는 사람들, 혹은 사회 초년생이 회사에 들어가 커피 심부름을 할지라도 그 일을 어떤 태도로 하느냐에 따라 그 사람을 보는 눈과 평가는 완전히 달라질 수 있다. 같은 복사를 하더라도 더 정성껏 모양이 좋게 그리고 적극적으로 할 수도 있고, 내가 복사하러 회사에 들어왔느냐고 불평하면서 억지로 그 일을 할 수 있다.

하지만 그 일을 시킨 사람의 입장에서 보면 두 사람에 대한 평가는 완전히 달라진다. 무슨 일을 하든지 간에 우리는 주도적일 수 있다. 그 일을 하는 태도만은 누구든지 선택할 수 있다. 마지못해 하는 태도를 취할지, 아니면 주도적인 태도를 취할지는 내 선택이라는 것이다. 그렇지만 그렇게 선택한 태도가 쌓인 결과는 완전히 다른 미래를 만든다. 지하철에 쓰여 있는 글이다.

– 인생의 날수는 당신이 결정할 수 없지만 당신 마음의 깊이와 넓이는 당신 자

신이 결정할 수 있습니다.

- 얼굴 모습은 당신이 결정할 수 없지만 당신의 얼굴 표정은 당신 자신이 결정할 수 있습니다.

- 그날의 날씨는 당신이 결정할 수 없지만 당신 마음의 기상은 당신이 결정할 수 있습니다.

그렇다. 우리는 어떤 상황 속에서도 나 스스로 주도적일 수 있다. 내가 결정하면 된다. 그 결정으로 인해 나의 태도는 달라지는 것이다. 그 태도를 바탕으로 이루어지는 행동으로 나의 앞날이 달라지는 것이다.

처음부터 회사 대표가 되고 처음부터 어떤 일의 책임자가 될 수는 없는 법이다. 어떤 일에서든 주도적인 태도부터 시작하는 것이다. 사람은 누구나 높은 직위에 이르러 많은 영향력을 행사하고 싶어 한다. 그렇지만 처음부터 그렇게 많은 영향력이 주어지는 일은 거의 없다.

『성공하는 사람들의 7가지 습관』에서 주도적인 사람일수록 자신이 가진 영향력에 집중하지만 그렇지 않은 사람은 남이 가진 영향력에 집착한다고 한다. 가령, 비주도적인 사람들은 어떤 일을 하고 있는 중에도 다른 사람이 가진 권한이나 다른 사람이 가진 환경이 없기 때문에 현재 자신이 맡고 있는 일이 되지 않는다고 항변한다.

반면에 주도적인 사람들은 현재 주어진 환경, 권한을 탓하지 않고 자신이 미칠 수 있는 영향력에 집중한다고 한다. 당연히 후자가 현재 일을 더 잘할 수 있을 것이다. 결국 후자에게는 새로운 영향력이 주어지게 되고 그렇게 해서 그 영향력이 점점 더 커지게 된다는 것이다.

반면, 다른 사람의 영향력에 집착하는 사람들은 현재 일에도 집중하지 못하고 불평불만을 하기 때문에 그 영향력마저 회수되어 영향력이 점점 줄어들게 되는 것이다.

누구나 영향력이 많아지기를 원한다. 그렇게 되려면 현재 나에게 주어진 영향력에 집중하는 주도적인 사람이 되어야 한다. 그리고 우리는 어떤 순간 어떤 일을 하더라도 그 일을 하는 태도만은 주도적일 수 있다. 태도부터 시작한다.

잃어버린 꿈

"

꿈을 꾸면 목표가 생기고, 목표를 잘게 나누면 계획이 되고,
계획을 하나씩 실천하면 꿈이 현실이 된다.

- 박경리 -

"

아무리 긍정적인 사람도 또 아무리 주도적인 사람이라 하더라도 인생의 여러 난관에 부닥치면 다시 좌절하고 다시 처음에 품었던 열정이 수그러들게 된다. 이때 열정을 붙들어주는 힘이 되는 것이 바로 목표다. 목표가 있어야 한다. 지치고 힘들 때 미리 정해둔 목표를 보고 다시 일어설 수 있다. 목표가 없는 사람은 그 자리에서 만족하거나 포기하게 되기 쉽다. 목표, 그것도 구체적이고 명확한 목표가 있어야 한다. 큰 목표를 우리는 꿈이라고 한다. 여러분들은 어떤 꿈을 가지고 있는가? 그 꿈을 실현하기 위해서 올해 어떤 목표를 가지고 있는가? 그리고 이번 달과 이번 주에는? 그리고 오늘은 어떤 목표를 가지고

사는가?

어릴 적부터 꿈이 없었던 사람은 없을 것이다. 막연하든 황당하든 꿈이 있었다. 그런데 사회생활을 시작하면서 언젠가부터 꿈이 희미해 졌거나 사라져 버렸다. 하루하루를 살 뿐 미래를 위한 꿈은 없어지거나 유보해 버렸다. 그래서 우리는 "꿈이 무엇입니까?"라고 질문받으면 한참 생각하다가 겨우 찾아낸 답이 "열심히 사는 겁니다. 혹은 잘 사는 겁니다."와 같은 것이다. 그건 삶에 대한 자신의 태도를 얘기하는 것이지 꿈이라고 할 수는 없다. 꿈은 보다 구체적이고 생생해야 한다고 하지 않던가? 왜 우리는 꿈을 잃어버렸을까?

꿈은 자신을 한계 짓지 않을 때 크게 꿀 수 있다. 그러나 사회생활을 하는 동안 자신이 처한 만만찮은 현실에 직면하면서 자신의 한계를 깨닫게 되고 그때부터 자신의 꿈을 잃어버리거나 유보해 버리게 된다. 현실에 비춰지는 자신에 대해 "나는 이런 사람이야."라고 규정하게 되고 그 틀에 맞춰 하루하루를 살게 되면서 꿈을 잃어버리는 것이다.

"나는 내가 생각한 나보다 더 큰 사람이다." 사람의 가능성의 한계는 어디까지일까? 분명히 한계가 있을 것이다. 그렇지만 누구나 지금 우리들이 현재에 처해 있는 현실보다는 더 많은 가능성을 가지고 있다고 볼 수 있다. 다만 내가 스스로 나를 현재의 나로만 규정짓고 있을 뿐인 것이다. 다시 잃어버린 꿈을 찾아야 한다. 그리고 그 꿈을 이루기 위한 오늘의 목표가 있어야 한다. 그래야 삶이 윤택해지고 열정이 되살아날 수 있다. 아무리 힘들고 지친 하루라 하더라도 그 꿈을 생각하면서 오늘을 살아낼 수 있다.

목표가 없으면 곧잘 열정이 식기 쉽다. 그냥 하루하루 메꾸는 삶이 지속되기 때문이다. 아무리 긍정적인 마음도 흔들리기 쉽다. 그리고 아무리 주도적으로 하려고 해도 재미가 없다. 그래서 목표가 있어야 한다. 물론 목표가 있기 이전에 가슴을 설레게 하는 원대한 꿈이 있어야 한다.

진짜 꿈과 가짜 꿈

목표가 열정을 유지하는 데 중요하기는 하지만 그 목표와 꿈을 정하기 전에 먼저 정해야 할 것이 있다. 우리의 인생은 속도보다 방향이 더 중요하다고 한다. 바로 목표 이전에 방향에 해당하는 삶의 목적을 먼저 정해야 한다. 아무리 서둘러 열심히 달려가더라도 방향이 틀리면 자신이 원했던 목적지에 이를 수가 없다. 우리가 열심히 달려가 인생고지 9부 능선에서 돌아다보니 내가 힘들게 올랐던 산이 내가 원했던 산이 아니라고 한다면 얼마나 황당하고 좌절되겠는가?

그래서 목표 이전에 방향에 해당되는 목적이 먼저 정립되어 있어야 한다는 것이다. 돈을 매월 300만 원씩 버는 게 목표라면 그것을 어디에다 쓸 것인지를 정하는 것이 목적이다. 유흥비 목적으로 300만 원을 벌 수도 있고, 보다 가치 있는 삶을 위한 목적으로 300만 원을 벌 수도 있는 것이다.

왜 목적이 중요한가? 앞에서 언급한 열정적이고 긍정적인 생각 그리고 주도적인 태도를 가지고 확고한 목표까지 가졌다면 그 목표는 실행될 가능성이 높아질 것이다. 한 달에 1억을 번다는 목표를 가지고 주도적이고 열정적으로 그리고 긍정적으로 '도둑질'을 하여 목표를 달성할 수는 없는 일이다. 방향이 틀린 것이다. 자신의 목표를 이루기 위해 다른 사람에게 피해를 준 것이니 방향이 틀린 것이다. 그래서 목표 이전에 방향이 먼저인 것이다.

인생에서의 방향, 즉 목적은 무엇인가? 인생에서의 목적이란 어떻게 살 것인가? 내가 왜 태어났으며 살면서 무엇을 유산으로 남길 것인가에 대한 고민으로부터 나온다. 사람은 두 번 태어난다고 한다. 처음은 당연히 육체적인 탄생이다. 두 번째는 자신이 사는 의미를 발견할 때. 즉 삶의 방향을 정할 때라고 한다.

이런 중요한 인생의 방향을 어떻게 정해야 하나? 자신의 삶의 방향을 정할 때는 진지해질 필요가 있다. 방향을 잘못 정해 버리면 헛된 인생을 살 수 있기 때문이다. 이 부분은 가치에 해당하는 부분이다. 어떤 가치를 가지고 인생을 살 것인가? 어떤 의미를 가진 인생으로 살 것인가? 이러한 것들을 정하는 것이기 때문에 진지해져야 한다.

방향을 정하기 위해서는 자신의 목소리에 귀를 기울여야 한다. 내가 진정으로 원하는 것은 무엇인지, 그것을 위해 살고 있는지, 사후에 사람들로부터 어떤 얘기를 듣고 싶은지와 같은 것을 바탕으로 삶의 목적을 수립해야 하기 때문이다. 잠시 자신의 묘비명을 생각해보자. 그 묘비명에 어떤 사람으로 기억되고 싶은가? 거기에 남기고 싶은 글이 자신이 살고 싶은 삶이다.

아니면 유언을 남긴다고 생각해보자. 자신의 자녀에게 마지막으로 하고 싶은 말을 유언으로 하게 되었을 때 남기고 싶은 말이 바로 자신이 살고자 하는 방향이 될 수 있다. 자신과 가족 그리고 이웃과 사회를 향해서 자신이 어떤 삶을 살고 싶은지 생각해 보면 된다. 그 내용을 글로 남겨보라. 그러면 그것이 목적(방향)이 되고 내가 살면서 지향할 가치가 되는 것이다.

자신의 꿈이 가치와 연결되면 그 꿈은 이루어질 가능성이 높아진다. 그런 꿈은 상상만 해도 가슴이 뛰고 흥분되는 꿈이기 때문이다. 가치와 연결되는 꿈은 쉽게 흔들리지 않을 뿐 아니라 쉽게 포기되지도 않는다. 그 꿈이 바로 자신의 다른 모습이기 때문이다. 아무리 힘들어도 자신을 버릴 수 없기 때문이다.

가치와 연결된 꿈은 나침반과 같다. 나침반이 길을 이끄는 것처럼 자신이 택한 가치들이 삶을 인도한다. 그래서 가치로 연결된 꿈을 가진 사람은 세상이 만든 기준에 쉽게 흔들리지 않는다. 자신이 받는 수입에도 큰 영향을 받지 않는다. 자신의 육체가 아무리 힘들어도 정한 방향대로 갈 수 있다.

그렇게 해서 정해진 방향과 가치 속에서 정한 꿈과 목표라야 의미가 있고 이루어질 가능성도 높아진다. 그렇게 해서 정한 꿈이 진짜 꿈인 것이다. 가치를 먼저 정하면 꿈이 커진다. 꿈이 커지면 당연히 목표도 높아진다. 그리고 그 목표는 달성될 가능성도 높아지는 것이다. "목표를 지나치게 높이 잡아 그 목표를 달성하지 않는 것보다 목표를 지나치게 낮게 잡아 무난히 달성하는 것이 더 위험한 법이다."라고 한 미켈란젤로의 걱정을 떨쳐 버릴 수 있다.

적자생존

방향이 정해지면 이제 자신이 하고 싶은 일들을 종이 위에 적어 보라. 그것이 꿈이 되고 목표가 된다. 자신의 꿈을 정하고 목표를 정할 때는 현재의 자신이 처한 여건에 구속되면 안 된다. 그렇게 하면 꿈의 크기가 줄어들고 현실의 연장선에 의한 꿈으로 제한되기 때문이다. 나의 인생이 끝나기 전에 꼭 해보고 싶은데 돈을 포함하여 가족 그리고 건강 시간 등 모든 여건이 구비되었다고 가정하고 꿈을 적어 보라. 여기서 중요한 것은 머릿속으로만 꿈을 꾸고 상상할 것이 아니라 반드시 적어 보는 것이다.

미국의 1% 부자들의 공통적인 특징이 모두 구체적인 목표를 가지고 있었고, 그 목표를 서면으로 갖고 있었다고 한다. 그래서 '적자생존'이란 말도 있다. "적는 사람은 생존한다."라는 뜻이다. 자신의 꿈을 제한하지 말고 적어 보라! 그 꿈을 잉태한 날짜를 적어 두고 자신이 잘 볼 수 있는 위치에 두라. 그리고 매일 그 꿈이 이루어지는 것을 상상하라. 이렇게 하면 일단 자신의 꿈을 이룰 준비는 끝난 것이다.

"온 사방에 문구나 내가 되고 싶은 모습, 사고 싶거나 가지고 싶은 것을 붙여두는 것이다. 나는 항상 작은 내 방에 돌아와 수많은 나의 꿈들을 바라보며 상상의 나래를 폈다."

김새해 원장이 『내가 상상하면 꿈이 현실이 된다』에서 꿈을 이룬 비결이라고 밝히고 있다. 단순히 적어 둘 뿐 아니라 더 생생하게 그 꿈과 연계되는 이미지와 글을 온 사방에 보이는 곳에 붙여두고 늘 마주치게 하란 뜻이다.

적힌 목표와 그렇지 않은 목표는 천양지차다. 적지 않고 머릿속에서만 두는 목표는 늘 자신과 타협하며 수정된다. 가령 연초에 금연하기로 목표를 세웠다고 하자. 1월에는 부서가 새로 바뀌어서 한잔해야 할 자리도 많고 송년회 때 시간이 안 되어 신년회 때 만나자고 하며 미뤄놓은 모임이 많다. 몇 번 술을 먹다 보면 자신도 모르게 담배를 피우게 되고, 이미 자신의 마음은 '1월은 행사가 많으니 2월부터 시작해야지……' 하고 자신과 타협하게 된다.

2월이 되어도 마찬가지다. '2월은 달이 너무 짧아 실행하지 못했으니 3월부터 본격적으로 끊어야지.' 이런 식으로 자신과 타협하다 보면 자신에 대해 자신감을 잃게 된다. "내가 원래 그렇지. 나 같은 사람이 어떻게 담배를 끊어! 그냥 살지 뭐. 담배 피우면서도 오래 사는 사람 많아!"처럼 말하면서 자신을 합리화하거나 잦은 실패에 따른 패배감에 사로잡히게 된다. 그래서 목표를 적어서 갖는 것이 좋다. 생각 속에 머물고 있는 것도 적는 순간 고정화되고 기정사실화된다. 그것을 매일 쳐다보면서 자신의 꿈을 키우고 그 꿈을 실현해 가는 것이다.

이 말이 의심쩍으면 당장 시험해 보는 방법이 있다. 살다 보면 어떤 날은 처리해야 할 일이 굉장히 많은 날이 있을 것이다. 그 많은 일을 머릿속으로만 간직한 채 바쁜 하루를 지내보라. 아마도 아침에 생각했던 일 중 몇 가지는 처리하지 못한 채 가장 긴급한 일 위주로만 처리되어 있는 것을 알게 될 것이다. 그렇지만 아침에 해야 할 일을 적어두고 하루를 시작해 보라. 아무리 바쁜 날도 아침에 적었던 거의 모든 일들이 처리되었음을 알게 될 것이다.

또 여러분들에게 여러분들이 잘 모르는 분야, 예를 들어 「지구환경과 지구상의 동물과의 관계」에 대해서 1시간 발표하라는 과제를 받았다고 생각해 보라. 이 분야에 특별한 지식이 없는 분들은 아무 생각이 없을 것이다. 그러나 종이 위에 과제를 적고 자신의 생각을 글로 옮겨보라. 그러면 어느 사이에 생각이 정리되고 과제가 완성될 수 있겠다는 자신감이 생겨날 것이다.

자신의 꿈을 적어 그 꿈을 다 이룬 사람으로는 '존 고다드'라는 사람이 있다. 의사였던 존 고다드는 15세 때 자신의 이모와 할머니가 나누는 대화 속에 "내가 젊었을 때 ……를 했더라면……"이라며 후회하는 말을 들으면서 자신은 그런 후회를 하지 않으리라는 결심 속에 노란 종이쪽지에 자신의 인생목표 127가지를 적는다. 그의 목록을 소개하면 다음과 같다.

〈존 고다드 꿈의 목록〉

* 탐험할 장소
  01. 이집트 나일강
  02. 남미 아마존강
  03. 중부 아프리카 콩고강
  04. 미국 콜로라도강
  05. 중국 양자강
  06. 서아프리카 니제르강
  07. 베네수엘라의 오리노코강
  08. 니카라과의 리오코코강

* 원시문화 답사
  09. 콩고
  10. 뉴기니 섬
  11. 브라질
  12. 인도네시아 보르네오 섬
  13. 북아프리카 수단
  14. 호주
  15. 케냐
  16. 필리핀
  17. 탕가니카(현재의 탄자니아)
  18. 에티오피아
  19. 나이지리아
  20. 알래스카

* 등반할 산

21. 에베레스트산

22. 아르헨티나 아콩카과산(안데스산맥 주의 최고봉)

23. 매킨리봉(알래스카에 있는 북미 대륙 최고봉)

24. 페루 후아스카란봉

25. 킬리만자로산

26. 터키 아라라트산(노아의 방주가 닿은 곳이라고 알려짐)

27. 케냐산

28. 뉴질랜드 쿠크산

29. 멕시코 포포카테페틀산

30. 마터호른산(알프스의 고산)

31. 라이너산

32. 후지산

33. 베수비오스산(이탈리아 나폴리만 동쪽의 활화산)

34. 자바섬 브로모산

35. 그랜드 테튼산

36. 캘리포니아 대머리산

* 배워야 할 것들

37. 의료 활동과 탐험

38. 나바호족과 호피족 인디언

39. 비행기 조종술

40. 로즈 퍼레이드(장미축제 행렬)에서 말타기

* 사진 찍기

41. 브라질 이과수 폭포

42. 로데시아 빅토리아 폭포

43. 뉴질랜드 서덜랜드 폭포

44. 미국 서부 요세미티 폭포

45. 나이아가라 폭포

46. 마르코 폴로와 알렉산더 대왕의 원정길 되짚어 가기

* 수중 탐험

47. 플로리다 산호 암초지대

48. 호주 그레이트 배리어 대암초지대

49. 홍해

50. 피지 군도

51. 바하마 군도

52. 오케페노키 늪지대와 에버글레이즈(플로리다주 남부 습지대)

* 여행할 장소

53. 북극과 남극

54. 중국 만리장성

55. 파나마 운하와 수에즈 운하

56. 이스터 섬(거석문명의 섬)

57. 바티칸시

58. 갈라파고스 군도(적도 바로 아래 화산섬)

59. 인도의 타지마할 묘

60. 피사의 사탑

61. 프랑스 에펠탑

62. 블루 그로토

63. 런던탑

64. 호주의 아이어 암벽 등반

65. 멕시코 치첸이차의 성스런 우물

66. 요르단 강을 따라 갈릴리 해에서 사해로 건너가기

* 수영하기

67. 니카라과 호수

68. 빅토리아 호수(세계에서 두 번째로 큰 호수)

69. 슈피리오 호수(북미 오대호의 하나)

70. 탕카니카 호수(아프리카 중동부)

71. 남미 티티카카 호수

* 해낼 일

72. 독수리 스카우트 단원 되기

73. 잠수함 타기

74. 항공모함에서 비행기를 조종하여 이착륙하기

75. 전 세계의 모든 국가들을 한 번씩 방문(현재 30개국 남음)

76. 소형 비행선, 열기구, 글라이더 타기

77. 코끼리, 낙타, 타조, 야생말 타기

78. 4.5kg의 바닷가재와 25cm의 전복 채취하기

79. 스킨 다이빙으로 12m 해저로 내려가서 2분 30초 동안 숨 참고 있기

80. 1분에 50타자

81. 플루트와 바이올린 연주

82. 낙하산 타고 뛰어내리기

83. 스키와 수상스키 배우기

84. 전도사업 참여

85. 탐험가 존 뮤어의 여행길을 따라 여행할 것

86. 원시 부족의 의약품을 공부해 유용한 것들 가져오기

87. 코끼리, 사자, 코뿔소, 케이프 버펄로, 고래를 촬영하기

88. 검도 배우기

89. 지압술 배우기

90. 대학교에서 가르치기

91. 해저세계 탐험하기

92. 타잔 영화에 출연하기

93. 말, 침팬지, 치타, 오셀롯(표범 비슷한 시라소니), 코요테를 키워보기

94. 발리섬의 장례식 참관

95. 햄 무선국의 회원이 될 것

96. 자기 소유의 천체 망원경 세우기

97. 저서 한 권 갖기(나일강 여행에 관한 책을 출판했음)

98. 내셔널 지오그래픽에 기사 게재

99. 몸무게 80kg 유지

100. 윗몸일으키기 200회, 턱걸이 20회 유지

101. 불어, 스페인어, 아랍어를 배우기

102. 코모도 섬 도마뱀 생태 연구하기

103. 높이뛰기 1미터 50센티

104. 넓이뛰기 4미터 50센티

105. 1마일을 5분에 주파하기

106. 덴마크에 있는 소렌슨 외할아버지의 출생지 방문

107. 영국에 있는 고다드 할아버지의 출생지 방문

108. 선원 자격으로 화물선에 승선해 볼 것

109. 브리태니커백과사전 전 권 읽기

110. 성경을 앞장에서 뒷장까지 통독하기

111. 셰익스피어, 플라톤, 아리스토텔레스, 찰스 디킨스, 헨리 데이빗 소로우, 에드가 알렌 포우, 루소, 베이컨, 헤밍웨이, 마트 트웨인, 버로우즈, 조셉 콘라드, 탈메이지, 톨스토이, 롱펠로우, 존 키이츠, 휘트먼, 에머슨 등의 작품 읽기

112. 바하, 베토벤, 드뷔시, 이베르, 멘델스존, 랄로, 림스키 코르사코프, 레스피기, 리스트, 라흐마니노프, 스트라빈스키, 토흐, 차이코프스키, 베르디의 음악 작품들과 친숙해지기

113. 비행기, 오토바이, 트랙터, 윈드서핑, 권총, 엽총, 카누, 현미경, 축구, 농구, 활쏘기, 부메랑 등을 다루는 데 있어서 우수한 실력을 갖추기

114. 음악 작곡

115. 피아노로 베토벤의 월광곡 연주

116. 불 위를 걷는 것 구경하기

117. 독사에게서 독 빼내기

118. 영화 스튜디오 구경하기

119. 폴로 경기하는 법 배우기

120. 22구경 권총으로 성냥불 켜기

121. 쿠푸(기제의 대 피라미드를 세운 이집트 제4왕조의 왕)의 피라미드 오르기

122. 탐험가 클럽과 모험가 클럽의 회원 되기

123. 걷거나 배를 타고 그랜드캐니언 일주

124. 지구를 배로 일주할 것

125. 달 여행

존 고다드는 이런 어마어마한 목표를 가지고 있었고 125번 달나라까지 갔다 오면서 47세에 127까지를 다 달성했다고 한다. 그의 직업은 의사였다. 전문직업 종사자에다가 상대적으로 능력 있는 자였던 것 같다. 앞서 말한 삶의 조건과 능력이 상대적으로 유리하게 태어난 자였던 것 같다. 필자는 이처럼 본래부터 좋은 조건을 가지고 태어난 사람의 성공스토리를 좋아하지 않는다. 평범한 사람의 얘기가 아니기 때문이다.

물론 상대적으로 좋은 조건을 가지고 태어났더라도 모두 그렇게 살 수 있는 것은 아니지만 보통 사람들의 경우는 아무리 노력해도 존 고다드 같은 삶을 살기는 어려울 것이다. 여기서 필자가 말하고 싶은 것은, 존 고다드는 127개의 삶의 목표가 있었다고 하는데, 나는 몇 개의 적혀 있는 꿈을 가지고 있는가 하는 것이다. 10개나 20개가 되어도 좋다. 내 능력 내 조건에 맞는 적어놓은 꿈이 있느냐 하는 것이 중요하다.

자신만의 꿈을 적어 보라. 적는 것이 중요하다. 그리고 스마트폰이나 태블릿 초기화면에 저장해 두거나 책상 앞머리에 붙여두고 매일 쳐다보라. 그러면 그 꿈들이 하나씩 이루어질 것이다. 필자의 경우도 그렇게 해서 많은 꿈을 이루었다. 필자는 지금도 스마트폰에, 태블릿

과 노트북에서 동시에 볼 수 있는 꿈의 목록을 가지고 있고 매주 계획
을 세울 때마다 들여다보고 생활한다.

　이렇게 해서 이미 이룬 꿈 중에는 일주일에 한 권 이상 책 읽기, 일
기 쓰기, 전문서적 쓰기, 대학 강의해 보기, 계열사 CEO 되기 등이 있
다. 그 외에도 여러 가지 꿈이 이루어지고 있을 뿐 아니라 여전히 도
전 중인 꿈도 가지고 있다. 반드시 적어 둔 꿈의 목록을 가져야 한다.

시간은 항상 없다

　이제 꿈을 기록하기로 결심했는가? 그러나 다음이 문제다. 꿈은 많고 하고 싶은 일은 많은데 시간이 없다. 현재 생활하기도 바빠 죽겠는데 내가 적어 놓은 꿈을 이룰 시간이 어디 있느냐고 항변할지도 모른다. 그렇다. 요즘 우리들은 너무 바쁘다. 눈코 뜰 새 없이 바쁘다. 도무지 쉴 틈이 없다. 배워야 될 것도 습득해야 할 정보도 너무 많다. 그야말로 정보홍수 시대에 살고 있다. 이런 수많은 정보 속에 나를 지탱하기도 힘들 정도다. 이런 상황 속에서 어떻게 다른 꿈을 꾸며 새로운 도전을 할 엄두를 내겠는가?

　그러나 어떻게 하겠는가? 오마이 겐이치는 『난문쾌답』에서 인간을 바꾸는 방법은 3가지로 시간, 장소, 사람뿐이라 했다. 새로운 장소에서 새로운 사람을 만나는 일도 중요하지만 지금 당장 내가 실천할 수 있는 것은 누구에게나 공평하게 주어진 시간을 다르게 사용하는 것이다. 누구에게나 하루 24시간, 한 달 30일, 1년 365일이 주어졌다. 그러나 그 시간을 얼마나 효과적이고 의미 있게 사용하는지의 관점에서 보면 천차만별이다. 주어진 시간을 잘 활용할 때 우리가 꿈꾸고 목표로 했던 것을 하나씩 이룰 수가 있는 것이다.

여기서 『성공하는 사람들의 일곱 가지 습관』에서 나오는 '큰 돌' 이야기를 빌어보자. 우리가 살아가면서 행하는 일들을 중요성과 긴급성 관점에서 보면 다음 네 가지로 나눠볼 수 있다. 급하고 중요한 일, 급하지 않고 중요하지도 않은 일, 급하긴 하나 중요하지 않은 일 그리고 지금 급하지는 않으나 중요한 일로 분류할 수 있을 것이다. 여기서 중요한 일에 해당하는 일들이 '큰 돌'에 해당되고 중요하지 않는 일은 '작은 돌'에 해당된다.

우선 '급하고 중요한 일(큰 돌)'에는 지금 하지 않으면 안 되는 중요하면서 급한 일이 여기에 해당된다. 예를 들면, 위기 상황에 닥치거나 급박한 문제에 직면하거나 프로젝트 마감시한이 다가올 때와 같은 상황이다. 아무리 시간이 없더라도 이 '급하고 중요한 일'을 하지 않을 수는 없다. 이 일은 나의 생존이나 생명과 관련되는 일이므로 원래 일정을 잡아두지 않았더라도 하지 않을 수 없는 일이다.

다음으로 '급하지도 않고 중요하지도 않는 일(작은 돌)'에는 어떤 일이 있을까? 여기에는 잡다한 일, 쓸데없는 일, 과다한 TV시청 등과 같이 지나고 나면 무의미하고 공허하게 시간을 보냈다는 느낌이 드는 일들이다. 이런 일들은 하지 않는 것이 좋겠지만 우리 일상생활 속에 깊이 습관으로 들어와 있어 뿌리치기 쉽지 않은 일들이다.

다음에는 '긴급하지만 중요하지는 않는 일(작은 돌)'인데 이 부분은 시간관리를 잘하지 않으면 급하게 요청되는 일이라 분별하기가 쉽지 않다. 예를 들어 불필요한 보고서나 중요하지 않은 회의와 같이 하지 않아도 되는 회의, 끼어드는 일 등이다. 이런 일들도 하지 않고 보다 유익하게 활용했으면 좋은 시간들이지만 시간관리 훈련이 잘되지 않고서는 분별하기 쉽지 않는 일에 해당한다.

마지막으로 '급하지는 않은데 중요한 일(큰 돌)'이다. 이 부분에 해당하는 일들이 중요하다. 이 부분은 지금 당장 급하지는 않기 때문에 소홀하고 넘기기 쉽지만 중요한 일들이다. 혹은 중요한 줄은 알지만 당장은 하지 않아도 되기 때문에 계속 미루게 되는 일들이다. 어떤 일이 있을까? 주로 미래와 관련되는 일이다. 예를 들면 자기계발, 가족, 건강, 종교, 준비, 네트워킹 등과 같은 것이다.

오늘 하루 자기계발 노력을 하지 않는다고 사는 데 큰 문제는 없을 것이다. 그러나 이 부분은 평소에 잘해 두지 않으면 나중에 급하고 중요한 일로 바뀌게 된다. 평소 자기계발을 하지 않다가 갑자기 회사가 어려워지거나 실직했다고 가정해 보라. 바로 급하고 중요한 일로 바뀌게 된다. 건강도 마찬가지다. 오늘 하루 운동을 하지 않았다고 바로 쓰러지는 일은 잘 발생하지 않는다. 그러나 건강을 소홀히 하다가 갑자기 중병에 걸리면 바로 급하고 중요한 일로 바뀌게 된다. 가족도 휴먼네트워킹도 다 마찬가지다. 이처럼 지금 급하지는 않지만 중요한 일을 평소에 잘할 수 있도록 시간을 만들어야 한다. 왜냐하면 여기에 해당하는 대부분 일들이 자신의 꿈을 이루는 데 반드시 필요한 것들이기 때문이다.

그러나 바쁜 일상에서 어떻게 이런 소중한 일을 위한 시간을 확보할 수 있을까? 작은 돌에 해당하는 시간을 줄여야 한다. 그 자리에 이 큰 돌로 채워야 한다. 다시 말해 우리의 일상에 큰 돌을 먼저 채우고 남는 시간에 작은 돌을 채워야 한다는 뜻이다.

우리들의 일반적인 일주일 시간표를 보자. 일주일 중에 우리가 활동하는 시간은 6시부터 12시까지로 보면 하루 18시간에 7일을 생각하면 126시간이 나온다. 이 중에 매일 9시부터 저녁 7시까지 하루 10시간씩 주 5일 근무한다고 보면 50시간을 제외한 나머지 76시간(주중은 오전 3시간, 저녁 5시간씩, 주말 2일은 36시간)이 남는다. 즉 주중에 매여 있는 시간은 50시간이고 내가 활용할 수 있는 시간은 76시간이다. 우리는 50시간을 일하면서 76시간을 일하느라 피곤하다는 명분으로 작은 돌로 채우고 있는 것이다.

큰 돌을 먼저 채우고 큰 돌 중심으로 생활해 보라. 그러면 바쁜 시간이 줄어들고 점점 더 큰 돌 위주로 살게 되는 것을 경험할 것이다. 예를 들어, 오전 시간은 운동으로 채우고 저녁 시간은 어학원을 가는 것으로 큰 돌을 채웠다고 가정하라. 그렇게 되면 운동을 하는 시간 때문에 더 바빠졌을 것 같지만, 운동시간으로 인해 훨씬 활력적인 하루를 맞게 되고 일처리도 빨라져 더 많은 시간이 확보된다.

저녁 시간도 알차게 보내면서 뿌듯한 자신감이 생기게 되고, 친구를 만나더라도 어학원을 마치고 합류하게 되므로 음주와 식사량이 줄어들어 다음 날 더욱 활력적인 하루를 맞을 수 있다. 자신의 일상 속에 운동시간, 어학시간이라는 큰 돌로 더 채워졌지만 실제로는 더 여유로운 하루를 보내게 되는 것이다. 마찬가지로 주말에도 큰 돌로 채워보라. 자신을 계발하거나 독서하는 시간 그리고 가족과의 소중한 시간을 계획하라. 그러면 점점 더 큰 돌 위주의 삶으로 채워지는 일주일을 경험할 수 있을 것이다.

우리의 일반적인 모습을 생각해 보자. '일주일 내내 50시간을 고생한 나, 저녁이나 주말에는 쉬어 주어야 해!'라는 생각에 저녁에 한잔하고 지친 몸으로 그냥 소파에 몸을 묻고 아침을 맞게 되고, 다음 날 아침은 다시 허둥지둥 출근 시간에 쫓겨 뛰다시피 하면서 일터에 이르고 아득한 하루를 시작한다.

이렇게 해서 맞는 주말에 몸이 지쳐 있는 것은 당연한 일이다. 아마도 토요일 아침은 오전 내내 늦잠을 즐기게 될 것이다. 소파에 앉아 비스듬히 누워 TV 채널을 이리저리 돌리며 보다가 잠들고, TV를 보다가 간단히 점심 먹고 다시 소파에 몸을 맡기게 된다. 많이 잔 것 같은데 머리는 더 아프다. 뭔가 의미 있는 일을 한 것 같지 않아 마음은 찜찜한데 금세 일요일 저녁이 닥치고 월요일 아침을 알리는 개그 프로그램의 종영 음악이 들려온다. 머리가 더 아파온다. 그리고 지끈거리는 머리를 감싸안고 힘든 월요일을 맞는다. 이런 모습이 우리들의 전형적인 일주일이 아닐까 싶다.

이 모습은 어쩔 수 없이 해야 하는 주중 50시간에 끌려다니면서 일주일을 보내게 되는 우리의 일반적인 모습이다. 어쩔 수 없이 맞이하는 하루가 쌓여서 일주일이 되고 그렇게 보내는 일주일이 쌓여서 한 달이 되고, 1년이 된다. 늘 바쁜 하루에 끌려다니면서 피곤에 지쳐갈 수밖에 없을 것이다.

그러나 큰 돌 위주로 사는 사람은 일주일을 월요일부터가 아니라 일요일부터라고 생각한다. 일요일은 일주일을 사는 준비를 하는 시간으로 일주일을 큰 돌 위주로 채우기 위해 계획하는 날이다. 운동하는 시간, 자기계발을 위한 시간, 가족을 위한 시간, 취미생활의 시간 등을 할당하는 데 활용한다. 당연히 더 활기찬 월요일을 맞을 수 있게 되는 것이다. 그때부터 월요병은 사라지고 나의 미래를 위한 시간은 점점 더 많아지게 된다.

이제부터는 큰 돌 위주의 삶을 살아야 한다. 그래야 원대하게 세운 꿈과 목표가 현실로 이루어질 수 있다. 아인슈타인은 이런 말을 했다. "어제와 같은 방식으로 살면서 다른 미래를 기대하는 사람은 정신병 초기증상이다."라고…….

동안 비결

요즘은 나이에 관계없이 동안이라고 하면 좋아한다. 어린 나이 때는 나이가 들어 보이려고 노력했는데 어느 때인가부터 더 젊어 보이려고 애를 쓴다. 요즘은 결혼 유무에 따라 혹은 체중관리를 어떻게 하느냐에 따라 겉으로 보이는 나이를 가늠하기란 정말 어렵다. 이에 대한 대책으로 필자는 언젠가부터 상대방, 특히 여성의 나이를 얘기할 때 보통 10살쯤 낮게 불러본다. 그렇게 하면 설사 틀렸다 하더라도 상대가 기분 나쁠 일이 거의 발생하지 않기 때문이다.

정말 젊어지고 싶은가? 보톡스로 아무리 주름살을 가려봐도 세월을 속일 수는 없다. 잠시 통통해 보일지는 모르지만 나이가 들면 표정이 이상해지고 부작용만 생길 뿐이다. 그렇지만 우리 주위에는 나이에 아랑곳하지 않고 젊게 사는 사람들이 많다. 그런 사람들의 특징은 무엇인가?

이스라엘의 선생이라는 랍비였던 분이 평생 동안으로 젊게 살 수 있는 방법을 가르쳐줬다. 그는 81세 나이 때 '청춘'이란 시를 썼다. 나이가 들어가면 갈수록 점점 더 좋아지는 시다.

〈청 춘〉

사무엘 울만(1840~1924)
박상익(우석대 교수) 옮김

청춘이란 인생의 어느 기간을 말하는 것이 아니라
마음의 상태를 말한다.
그것은 장밋빛 용모, 앵두 같은 입술, 나긋나긋한 자태가 아니라
강인한 의지, 풍부한 상상력, 불타는 열정熱情을 말한다.

청춘이란 인생의 깊은 샘에서 솟는 신선한 정신,
두려움을 물리치는 용기, 안이安易를 뿌리치는 모험심을 의미한다.

때로는 이십 세 청년보다 육십 세 된 사람에게 청춘이 있다.
나이를 먹는다고 늙는 것이 아니다.
이상理想을 잃어버릴 때 비로소 늙는 것이다.
세월은 우리의 주름살을 늘게 하지만
열정을 가진 마음을 시들게 하지는 못한다.

고뇌, 공포, 실망 때문에 기력氣力이 땅으로 기어들고

마음이 시들어 버리는 것이다.

육십 세든 십육 세든 모든 사람의 가슴속에는

놀라움에 끌리는 마음,

어린 아이와 같은 미지未知에 대한 끝없는 탐구심,

삶에서 환희를 얻고자 하는 열망熱望이 있다.

그대와 나의 가슴속에는

남에게 잘 보이지 않는 무엇이 간직되어 있다.

아름다움, 희망, 희열, 용기, 영감靈感의 세계에서 얻는 힘!

이 모든 것을 가지고 있는 한

언제까지나 그대는 젊음을 유지할 것이다.

영감이 끊어져 정신이 냉소라는 눈雪에 파묻히고,

비탄悲嘆이란 얼음에 갇힌 사람은

비록 나이가 이십 세라 할지라도 이미 늙은이와 다름없다.

그러나 머리를 드높여 희망이란 파도를 탈 수 있는 한,

그대는 팔십 세일지라도

영원히 청춘青春으로 남을 것이다.

이 시는 1900년대에 쓰인 시로, 그 당시 81세였던 저자는 미래를 생각할 수 없는 인생의 끝 무렵이었다고 볼 수 있다. 그런데 시인은

청춘을 노래하고 있다. 나이는 우리의 피부를 늙게 할지는 모르지만, 꿈과 열정, 이상과 미래 그리고 희망과 비전이 있는 한 우리를 늙게 할 수는 없다.

나이가 젊은 게 자랑인 시대다. 모임에 가서 본인의 자랑을 해보라 하면, 어떤 친구들은 "저는 여기서 제일 젊어요."라고 대답한다. 젊다는 것 그 자체는 자랑할 만하다. 또 나이 든 사람들의 부러움의 대상이 될 수도 있다. 그러나 그 친구가 그 나이에 꿈이 없다면, 그 나이에 미래에 대한 비전, 희망이 없다면 그는 이미 늙어버린 것이다. 피부의 나이는 젊을지 모르지만 소위 '젊근이'가 되어버린 셈이다. 그러나 황혼의 나이에 있더라도 젊은이 못지않은 열정을 가지고 도전적인 삶을 산다면 그는 평생 젊은 늙은이 '늙믄이'로 살 수 있다.

"그대에게는 이 세상에 가장 훌륭한 아군이 있지 않는가, 청춘이라는 벗이!" 아일랜드의 소설가 오스카 와일드가 한 말이다. 내 인생의 가장 훌륭한 아군! 열정이 있으면 평생 그 아군이 함께 할 것이다.

이 시대의 멘토로 불리는 서울대 김난도 교수는 『아프니까 청춘이다』에서 우리 인생을 시계로 표현했다. 현대인의 수명을 90세로 보고 새벽 0시에 태어나서 밤 12시에 사망하여 24시간 산다고 가정하면, 태어나서 초중고를 거쳐 대학을 마치면 24~25세쯤 되는데 그때가 아침 7시경이 된다. 이때부터 본격적으로 자신의 인생을 사는 셈이다. 그전까지는 본격적인 인생을 살기 위한 준비단계였다고 보면 된다.

현재 여러분의 나이가 몇 세인가? 이 기준을 가지고 보면 45세인 분이 이제 낮 12시에 도달한 셈이다. 25세부터 인생을 살기 시작했으므로 20년 살아온 것이다. 25년 준비해서 20년을 산 것이다. 일반 회사에 근무하는 분들은 대부분 인생의 오전에 있는 셈이다. 50대에 있는 사람들이 오후 2시경. 이 책을 읽는 젊은 분들도 대부분 오전에 속해 있을 것이다.

그런데 오전의 나이에 있는 분들 중 이미 꿈을 잃어버린 사람들이 너무 많다는 것이다. 현재 35세라면 25년을 준비해서 이제 10년을 산 것이고 앞으로도 60년이란 세월이 남았는데 벌써 꿈을 포기한다는 게 이해되지 않는 일이다. 55세에 도달한 사람도 이제 30년을 산 셈이고 아직 30년 이상의 세월이 남아 있다. 당연히 남은 인생을 위해서 도전을 멈추지 말아야 할 나이다. 멋진 오후와 저녁 아름다운 밤에 해당하는 나이를 위해서라도 말이다.

필자와 같은 중년의 나이에 동기회를 가보면 느끼는 점이 있다. 어떤 친구들은 몰라보게 늙어버린 반면 어떤 친구들은 도대체 나이를 가늠할 수 없을 정도로 변하지 않는 친구들이 있는 것을 본다. 여전히 밝고 샛별처럼 빛나는 느낌의 친구가 있는 반면에 이미 시들어 버려 초라하게 황혼이 느껴지는 친구가 있다.

그 차이는 몇 마디 나눠보면 금방 알 수 있다. 한쪽은 여전히 꿈이 있고 희망이 있고 미래를 위해 도전적인 삶을 살고 있지만, 한쪽은 꿈과 미래가 없을 뿐 아니라 늘 화려했던 과거만을 얘기하며 과거에 머물러 있다. 현재 여건에 관계없이 자신감 잃지 않고 열정적인 삶을 사는 친구, 여전히 도전적인 삶을 사는 친구, 바로 그런 친구들이 평생 동안으로 사는 비결을 알고 있는 친구들이다.

도전하는 삶은 불편하다. 그냥 현재대로 어제와 같이 편안하게 살면 좋겠는데, 도전하는 삶은 변화를 수반한다. 이러한 변화에 적극적으로 대처하고 도전해 나갈 때 새로운 성장이 이루어진다. 육체적인 성장은 20대에 끝난다. 육체적인 성장은 신경 쓰지 않더라도 조물주의 뜻에 따라 성장해 간다.

그러나 의식 성장은 내가 노력하지 않으면 멈추게 된다. 의식 성장을 멈출 때 우리는 정말 늙는 것이다. 반면에 죽을 때까지 도전하고 성장하기를 포기하지 않는 삶은 늙지 않는다. 점점 더 푸르른 인생을 살 수 있다. 자신감 있는 인생을 살 수 있다. 지금이라도 꿈을 적어보자. 지금 당장 목표를 적어보자. 그리고 그 목표를 이루기 위해 끊임없는 도전을 멈추지 말자. 그리고 죽을 때까지 성장하는 삶을 살자. 그게 바로 동안 비결이다.

한가한 바쁨

현대인은 늘 바쁘다. 특히 한국 땅에 사는 사람들은 더 바쁘게 생활한다. 직장 고위 간부가 될수록 여름휴가 2~3일 쉬는 것이 쉽지 않다. 평소에도 마찬가지다. 거의 매일 야근이 되풀이된다. 야근 후 집에 도착하면 저녁 9~10시다. 집에 도착해서 씻고 나면 파김치가 되어 쓰러져 소파에 몸을 맡기고 TV 채널을 돌리다가 자버리기 일쑤다. 다음 날도 마찬가지다. 아침부터 허둥지둥 매일 뭔가에 쫓기듯이 살아간다.

앞으로는 어떨 것 같은가? 30년 가까이 직장생활을 해왔지만 매년 내년이 더 힘들다고 했다. 내년이라고 달라질까? 그렇지 않을 것이다. 현재보다 더 바빠지면 바빠졌지 덜해지지는 않을 것이다. 이러한 현실에서 어떻게 여유를 찾고 어떻게 자기시간을 만들어 낼 수 있을까?

생각을 바꾸는 수밖에 없다. 내가 하는 일을 남들로부터 주어지는 일이 아니라 내가 좋아해서 하는 일로 만들어야 한다. 내가 객체가 아니라 주체가 되어야 한다는 뜻이다. 말장난처럼 들리는가? 그렇지 않다. 외형상으로는 윗사람이 주는 일이라 하더라도 실제로는 내가 만들어내는 일처럼 만들어야 한다. 그게 가능한 일일까? 당연히 가능하다. 내가 주도적으로 생각해서 먼저 제안해서 상사의 입을 거쳐 나오게 하면 된다. 그러면 외형상으로는 상사가 지시하는 것이지만 실제로는 내가 제안해서 상사의 입을 빌려 나오게 하는 것이다. 주도적으로 일을 하면 그렇게 된다.

내가 생각한 일이 상사를 통해 나오기 때문에 일이 재미있어진다. 상사 입장에서는 부하가 알아서 일해주니 믿음이 간다. 그렇게 신뢰가 쌓이다 보면 더 중요한 일이 맡겨진다. 그러면 나의 가치도 더 상승하는 셈이 된다. 그래서 주도적으로 일을 하는 것이 중요하다. 업무 외 시간을 관리하는 것도 마찬가지다. 앞서 살펴본 바와 같이 대부분의 사람들은 주중 업무로 인해 나머지 내가 통제할 수 있는 시간도 헛되이 작은 돌로 채워나가는 경우가 많다. 이 시간을 주도적으로 채워나가야 한다.

남에 의해서 주도되는 시간은 바쁘고 힘들게 느껴진다. 내가 주도하는 시간으로 채워보라! 그러면 바쁘기는 하지만 내가 만든 바쁨이기 때문에 바쁘지 않게 느껴진다. 내가 좋아하는 연예 프로그램을 보면서도 스스로 바쁘다고 느끼는 사람은 없을 것이다. 이처럼 내가 만드는 바쁨은 바쁨이 아닌 것이다.

예를 들어, 아침시간에 운동을 한다고 생각해보자. 하지 않던 운동을 하게 되면 분명히 더 바빠진 셈이다. 그렇지만 그 바쁨은 내 것이기 때문에 바쁜 것이 아니다. 그리고 정기적으로 운동을 하게 되면 몸의 상태가 좋아지기 때문에 일처리가 빨라지고 덜 바빠질 뿐 아니라 새로운 여유시간이 생긴다. 피고용자의 고용된 입장에서 보면 남을 위해 일하는 시간이지만 그 시간도 훨씬 활력적이고 효율적으로 사용하게 되어 고용자에게 좋은 이미지를 준다. 자신을 위한 바쁨이 자신을 덜 바쁘게 만들 뿐 아니라 소속한 조직의 일도 덜 바쁘게 만들어 준다.

퇴근 후 저녁시간도 마찬가지다. 그냥 하루 종일 수고한 나는 쉬는 것이 마땅하다는 식으로 자신의 몸을 소파에 맡기는 것은 다른 사람이 주는 바쁨에 자신을 매몰시키는 셈이 되는 것이다. 대신 독서하는 시간을 확보한다거나 어학공부를 하는 시간 또는 자격증을 따는 나의 시간으로 만들어 보라. 더 바빠지게 되지만 내가 만든 나를 위한 바쁨이기 때문에 바쁘다는 느낌이 들지 않는다. 오히려 정신적인 여유는 더 생기게 된다. 이처럼 나를 위한 저녁시간에 큰 돌을 위한 바쁨의 시간을 설정하게 되면, 그간 남에 의해 끌려다니면서 만들어진 바쁨인 야근이나 쓸데없는 저녁 술자리 등은 줄어들어 결과적으로 덜 바쁜 삶을 살게 된다.

토요일, 일요일은 또 어떻게 보내는가? 이 시간마저도 남에 의해 주어지는 바쁨의 후유증으로 채워진다면 자신의 미래가 달라질 방법은 없다. 이 시간들도 철저하게 자신이 만드는 바쁨 공간으로 채워나가야 한다. 가정을 위한 시간, 사회봉사를 위한 시간, 종교활동을 위한 시간, 독서 시간, 새로운 주일을 준비하는 시간 등으로 채우되 주도적으로 채워야 한다. 이렇게 예를 드는 시간들도 남에 의해서 강제되는 시간은 자기 시간이 아니다. 남에 의해 종교활동을 하고 남의 눈치 때문에 봉사활동을 하고 아내의 강요에 의해 마지못해 외출을 하는 것과 같은 시간들은 내가 만드는 바쁨과는 거리가 멀다. 이런 시간들도 내가 만든 바쁨이어야 한다. 그러면 재미있고 의미가 있고 바쁘지 않게 된다.

점점 더 바빠지는 세상, 점점 더 나의 계획과 나의 주관보다는 남에 의해서 끌려다니는 시간들……. 이러한 시간들에서 벗어나지 않고서는 행복한 삶을 살 수가 없다. 무엇보다 더 성장하는 삶을 살 수가 없다. 그냥 지나가는 하루하루만이 있을 뿐이다. 남이 아니라 내가 만드는 바쁨 속에서 하루하루를 살 수 있어야 한다.

피 같은 단어들

지금까지 필자는 삶의 키워드로 열정을 이야기했다. 나의 능력과 재능은 이미 정해져 있다. 그것으로 최선을 다해 사는 수밖에 없다. 그 최선은 열정으로 내 인생을 채워나갈 때 가능하다. 열정으로 최선을 다해서 살면 된다.

그런데 열정을 유지하기가 쉽지 않다. 살다보면 온갖 것들로 인해 나의 열정을 갉아먹는 일들과 마주친다. 이때 열정을 유지하게 해주는 힘이 바로 긍정적인 생각, 주도적인 태도 그리고 바른 인생방향과 목표를 갖는 것이다.

궁극적으로는 꿈이 있어야 한다. 나의 가슴을 뛰게 하는 꿈. 그 꿈은 나의 가치관과 일치되는 꿈이었을 때 실현 가능성이 높아진다. 그런 꿈이 우리를 더 열정적으로 만들어 줄 것이다. 그리고 그 열정적인 태도가 다시 우리의 꿈을 이루어 줄 것이다.

우리의 꿈을 실현해 줄 네 키워드는 열정passion, 긍정positive, 주도성

pro-active, 목적/목표purpose/goal로 모두 P로 시작한다. 개인 삶에서 피P가 되는 단어들이다. 이 네 가지 피를 잘 돌게 해서 끊임없이 도전하고 꿈꾸는 삶을 살아야 한다.

주 인 공
빅 뱅

3편

·

함께하는 나

·

프레임

    사람은 태어나면서부터 관계 속에 들어간다. 제일 먼저 엄마 아빠를 만날 것이다. 병원이라면 간호사도 만날 것이고 자라면서부터는 형제자매들 그리고 친척들, 친구들, 배우자, 동료들……. 자신이 살아가는 환경에 따라 다양한 사람들과 관계를 맺고 살아간다.

    이러한 관계 속에서 우리는 좋은 관계에 있기도 하지만, 어렵고 힘든 갈등 관계에 놓이기도 한다. 관계 속에서 일어나는 갈등의 원인은 무엇일까? 한마디로 말하면 서로 다르기 때문이다. 자신과 같은 생각 같은 마음이면 갈등이 생길 리 없을 것이다. 그렇지만 사람들은 모두 다 심지어 일란성 쌍둥이도 모두 다르게 생각하고 다르게 행동한다. 그래서 갈등이 생기게 되는 것이다.

    앞서 말한 바와 같이 세상에서 제일 중요한 사람은 바로 자기 자신이다. 세상에서 자기 자신보다 더 소중한 존재는 없다. 눈에 넣어도 아프지 않은 자식이라고 하는데 그건 눈에 자식이 들어가 있지 않기 때문에 하는 말이다. 눈에 조그마한 티끌이라도 들어가 있다고 생각해보라. 다른 생각이 나지 않는다. 일차적으로 내가 문제가 없어야 자식도 있고 옆 사람도 보이는 것이다.

세상은 이렇게 스스로 가장 소중하다고 생각하는 사람들끼리 관계를 맺고 살아가는 곳이다. 그래서 자신이랑 다른 생각 다른 행동을 보면 불편하게 여기게 된다. 또한 사람들은 누구나 인정받고 싶어 한다. 정도의 차이가 있을지언정 누구나 동일하다. 매슬로우의 욕구 단계에서도 네 번째는 '존경의 욕구'라 해서 기본적인 욕구가 충족되면 사람들은 누구나 남들로부터 인정받고 싶은 욕구가 있음을 말해준다. 서로 인정받으려고 하는 관계 속에서 서로의 욕구가 부딪히고 자연스레 갈등이 발생하는 것이다. 이처럼 사람들은 수많은 관계 속에서 수많은 갈등 관계에 놓이게 되고 이러한 갈등을 잘 해결하는 것이 곧 대인관계를 잘 유지하게 되는 것이다.

상시적으로 일어나는 갈등의 원인은 앞서 말한 것처럼 서로 다르기 때문이다. 사람은 성장과정에서 다양한 지식과 경험을 하게 되는데, 이렇게 습득되는 다양한 경험과 지식으로 인해 자신만의 사고와 행동방식이 결정되는 것이다. 이것을 심리학 용어로는 '프레임'이라고 한다. 우리말로는 '사고의 틀' 또는 '생각의 틀' 정도로 표현할 수 있을 것이다. 사람들은 누구나 자신만의 고유한 틀로써 세상을 바라보고 세상을 판단한다는 것이다. 어떤 사람은 노랗고 둥근 모양으로서 세상을 바라보고 어떤 사람은 빨갛고 네모난 모양으로 세상을 바라보며 또 어떤 사람은 투명하고 길쭉한 모양으로 세상을 바라보고 판단하고 있는 것이다. 지구상에 50억 명이 산다면, 50억 가지의 프레임을 가진 사람들이 서로 다른 방식으로 세상을 바라보고 서로 다른 방식으로 행동하고 있는 것이다.

태어나면서부터 사람들은 다른 환경 속에서 자란다. 부모가 없는 환경 속에서 자라는 사람도 있는 반면에 부모 중 한 분 밑에서 자라는 사람도 있고, 또 어떤 사람은 형제가 있는 반면에 혼자 성장하는 사람도 있다. 농어촌 지역에서 성장하는 사람도 있지만 대도시 문화 속에서 자라는 사람도 있다.

한편 배우는 내용과 배우는 수준도 다 다르다. 어떤 사람은 대학뿐 아니라 석사·박사 학위까지 가지고 있는 사람이 있는가 하면, 어떤 사람은 의무교육만 겨우 받은 사람도 있다. 배우는 학문의 종류도 헤아릴 수 없을 정도로 다양하다. 철학, 수학, 사회학, 경영학, 화학, 물리학, 미술, 음악 등 셀 수 없을 정도로 다양한 분야의 학문적 배경을 가지게 된다. 그런가 하면 자라면서 경험하는 내용도 모두 다르다. 주위를 둘러보라. 자신과 같은 부모형제, 배경, 경험, 학문 수준을 가진 사람이 단 한 사람이라도 있는가? 모두 다 다르다. 이렇게 다양한 배경 속에 다양한 경험을 하면서 우리도 모르는 사이에 다양한 생각기준, 즉 사고의 틀이라고 하는 프레임이 형성된다.

그래서 어떤 사물이나 어떤 사람의 생각에 대해서 판단하는 기준이 모두 다르게 되는 것이다. 우리 속담에 "뭐 눈에는 뭐만 보인다."라는 얘기가 있다. 그 사람의 판단 기준이 그렇게 보이게 한다는 뜻이다. 분홍빛 안경을 쓰고 세상을 보면 모두 분홍빛으로 보인다. 세상은 분홍빛이 아니지만 그 사람 눈에는 그렇게 보일 수밖에 없는 것처럼 우리의 생각의 틀도 그렇게 굳어지게 된다는 뜻이다.

사람은 모두 자신이 제일 중요할 뿐 아니라 자기중심적이다. 중국 음식을 먹다가 하얀 드레스에 자장면 소스가 묻어 조금 지저분해졌다고 생각해 보라. 그 사람은 종일 그 부분에 신경을 쓰지만 다른 사람은 그 옷에 거의 관심이 없다. 오늘 새로운 디자인의 신발을 사서 신고 난 뒤 거리를 나서보라. 남들은 아무 관심도 없는데, 자신의 눈에는 계속 다른 사람의 신발만 눈에 들어오게 된다.

더 좋은 예가 있다. 생일! 생일을 챙겨주면 누구나 기분이 좋아진다. 직원들이 함께 워크숍을 간 적이 있는데 저녁 늦게까지 음주를 즐기다가 같은 호텔에서 1박을 하게 되었다. 잠자리에 들기 전에 한잔 더 하자며 한 사람의 숙소에 모였다. 그때 누군가가 이런 얘기를 한다. "지금 11시 33분! 이제 27분 후면 최 대리님 생일이네요." 모두들 조금 있다 최 대리 생일을 챙겨줘야겠다고 생각을 한 채, 술 마시기 게임을 시작했다.

금세 모든 직원들은 술을 먹지 않으려고 게임에 몰두하게 되었다. 재미있게 놀다가 새벽 1시쯤 끝내고 각자 숙소에 들어가서 잠을 자러 가게 되었다. 그리고 최 대리의 생일을 알게 된 것은 다음 날 아침 식사를 할 때였다. 아무도 다른 사람의 생일에 관심이 없었다. 물론, 최 대리 자신은 12시가 지나면서 섭섭하기 시작했을 것이지만 최 대리 외에는 생일보다는 지금 당장 자신이 벌주를 마시지 않는 것이 더 중요했던 것이다. 그렇다. 사람은 철저하게 자기중심적이다.

사람들은 자기중심적인 데다 자기만의 프레임을 가지고 세상을 살아간다. 그래서 서로 생각이 다른 것이다. 틀린 것이 아니라 다른 것이다. 그렇지만 사람들은 그렇게 생각하지 않는다. 자신의 생각과 다른 사람의 '다른' 생각을 '틀린' 것으로 보고 불편해한다. 그래서 갈등이 생기게 된다.

결혼하기 전에는 상대가 그렇게 나랑 비슷할 수가 없다. 생각도 같고 취미도 같은 것 같고 뭐든지 자기 둘은 너무 비슷하다며 천생연분이라고 자랑한다. 그래서 함께 살기로 결심한다. 하지만 결혼하면서부터 너무 '다른' 상대를 발견하기 시작한다. 서로 다르다며 인정하며 살면 괜찮겠지만 대부분은 너무 '틀린' 상대를 발견하기 시작하면 그때부터 전쟁이 시작된다. 사실 결혼 전에는 보이지 않는다. 아니, 다른 부분이 보여도 무시하거나 자신에게 유리한 쪽으로 해석한다. 그래서 다 좋아 보이고 비슷하다고 생각하게 되는 것이다.

요즘 음악을 들으면 너무 빠르다. 가사들도 너무 노골적이고 민망한 가사가 많아 당황할 때가 많다. 그렇다고 이런 음악을 틀렸다고 할수는 없다. 어떤 어른들이 "역시 노래는 옛날 노래가 좋아. 요즘은 옛날처럼 명곡이 없어. 그냥 잠시 떴다가 사라지는 노래들뿐이야. 노래 가사도 너무 즉흥적이고 일시적이야. 요즘 노래는 노래라고 볼 수 없어."라고 얘기했다고 하면 그 어른의 눈에는 요즘 노래는 다 '틀린' 노래가 된다. 그는 옛날 느린 음악에 익숙해져 있는 자신의 프레임으로 현재 젊은 사람들의 음악을 본 것이다. 그렇지만 요즘 젊은 사람들의 프레임에서 보면 완전히 달라진다. "옛날 노래는 템포가 너무 느려! 재미가 없어. 답답해!"라고 얘기한다고 그들이 틀린 것이 아니다. 다른 것이다.

어디 음악만 그런가? 이제 우리나라도 와인이 많이 보급되어 와인에 대한 지식이 많아졌지만 불과 십여 년 전만 해도 와인은 그냥 다른 나라 과실주일 뿐이다. 필자는 와인에 대한 공부를 하기 전에는 와인 바에 가서도 한국식으로 원샷을 외치거나 파도타기 등으로 술자리를 유도한 적이 있다. 그런데 와인을 공부하고부터는 '다른' 그들의 세계를 존중하게 되었다. 문화적으로 다른 부분도 마찬가지다. 우리나라에서는 용인되는 행동이 다른 나라에서는 불경스런 행동들도 있다. 그런 것이 틀린 것은 아니다. 그냥 다를 뿐인 것이다. 이처럼 우리는 다양한 사람의 서로 다른 판단과 사고 속에서 함께 생활하고 있는 것이다.

이러한 다른 생각, 다른 프레임은 대인관계에서 소통의 문제를 일으키게 된다. 사람은 자기중심적일 뿐 아니라, 자신이 가지고 있는 프레임을 바탕으로 상대를 판단하고 자신의 방식대로 소통하려 하니 제대로 소통이 될 수가 없다. 따라서 어떻게 소통할 것인가가 대인관계 속에서 핵심 과제가 되는 것이다.

불통은 죽음

소통되지 않으면 사람은 죽는다. 우선 우리의 신체는 소통되어야 살 수 있게 되어 있다. 우리 몸이 소통되지 않는다는 것은 피가 돌지 않는다는 뜻이다. 피가 닿지 않는 우리 몸의 어떤 부분은 문제가 생긴다. 마비가 되거나 곪거나 썩어 들어갈 것이다. 어른이 되면 손발이 차게 되는 것은 모세혈관까지 피가 잘 닿지 않기 때문이다. 갑자기 마비가 일어나 쓰러지는 것도 소통이 되지 않아서이다. 바른 자세를 갖는 것이 중요하다고 한다. 그것도 역시 온몸의 피를 잘 소통시키기 위해서다.

우리 몸뿐 아니라, 상대와 생기는 문제는 모두 소통에서 출발한다고 해도 과언이 아니다. 앞서 얘기했듯이 소통 문제는 우리가 서로 다르기 때문에 생긴다. 우리가 같은 생각 같은 행동을 한다면 따로 소통할 필요가 없을 것이다. 그렇지만 우리는 모두 다르기 때문에 모두 다르게 생각하고 다르게 행동한다. 그래서 소통이 필요하다.

사람이 살아가면서 펼쳐지는 모든 대인관계 문제는 소통에서 출발한다고 볼 수 있다. 부부간의 문제에서부터 부모와 자녀와의 관계, 고부간의 관계, 친구와의 관계, 조직 내에서 상하·동료와의 문제에 이르기까지, 심지어 국가지도자의 리더십에서도 소통문제를 거론하며 지도자로서의 자격문제로까지 비화되는 이슈가 바로 소통문제이다.

단순한 정보 전달을 위한 일방적 소통도 있지만, 대개는 양방향 소통이 일어나고 이때 중요한 것은 공감적 소통이다. 상대는 이해할 준비가 되지 않았는데 일방적으로 전달했다고 해서 소통이 된 것이 아니기 때문이다. 특히 사람들 간의 감정과 연계되고 자신의 생각을 주장하는 소통에서는 공감적 소통이 되지 않으면 소통이 되지 않은 것과 다름없다. 소통하려는 상대의 마음, 상대의 프레임까지 생각하며 공감하는 소통이 되어야 진정한 소통이 이루어진다.

공감소통을 하려 해도 한계를 느낄 때가 있다. 서로의 지적 수준도 다를 수 있고, 서로 가지고 있는 프레임이 너무 달라 극복하기 힘든 수준일 때도 있고, 또한 내가 가진 능력 범위를 넘어서는 소통을 해야 할 때도 있다. 상대가 원하는 것을 모두 들어줄 수는 없는 경우가 많이 발생한다.

이때 중요한 소통 방법은 진정성이다. 소통을 할 때 자신의 진심이 얼마나 담겨있느냐가 중요하다. 어떤 사람이든 완벽한 사람은 없다. 상대적으로 조금 더 나아 보이는 사람이 있을지언정 완벽한 사람은 없다. 그래서 진정성이 중요하다. 진정성으로 다가가면 상대방도 진정성으로 소통하려 애쓰게 된다. 그러면 자연스럽게 공감대가 형성될 수 있고 이때 바로 공감적 소통이 일어나는 것이다.

공감적 소통을 위해서 먼저 형성되어 있어야 하는 것은 상호 간의 신뢰다. 상대방과의 신뢰가 형성되지 않는 상태에서 일어나는 소통은 공감적 소통이 되기 어렵다. 앞에서 얘기한 진정성도 신뢰를 바탕으로 한다. 진정성 있는 소통을 하다 보면 신뢰가 형성되기 쉽고 자연스럽게 공감적 소통으로 연결된다. 물론 신뢰는 하루아침에 형성되는 것은 아니다. 이를 위해서 장기간 일관성 있는 행동으로 상대의 신뢰를 얻도록 해야 한다. 신뢰가 높을수록 진정성 있는 공감적 소통이 쉬운 것은 너무나 당연하다.

로렌스 피터라는 심리학자는 "자기 의지에 반하는 방향으로 설득당했다면 그건 설득당한 것이 아니다."라는 말을 했다고 한다. 공감되지 않은 채 아무리 상대를 설득했다고 하더라도 그것은 설득된 것이 아니라는 뜻이다. 사람들은 진정성과 신뢰라는 무기를 가지고 소통에 임했을 때 설득당할 준비를 한다. 그렇다고 해서 설득이 쉬운 것은 아니지만 설득을 위한 기본 도구는 갖추고 소통에 임해야 설득에 이를 수 있다.

환경에 의해 사람이 얼마나 달라질 수 있는지 한번 살펴보자. 우리나라뿐 아니라 어느 나라든지 지연, 학연에 영향을 받지 않는 나라는 없지만 우리나라는 그 정도가 더 심한 것 같다. 축구게임을 응원하다가 자신의 연고를 둔 팀이 억울하게 지고 있으면 흥분한다거나 자신의 대학 출신의 사람을 많이 등용해서 문제가 되는 등의 일은 세계 어느 곳에서나 일어나기 마련이다. 사람의 정보력에는 한계가 있으므로 어쩌면 가깝고 편한 사람에게 더 많은 기회가 가는 것이 사람 사는 세상에 어쩔 수 없는 부분이 아닐까 싶기도 하다.

우리나라는 특히 어느 지역에 사느냐에 따른 정치적 성향이 달라지는 것이 너무 확연하다. 정치를 하는 사람들의 전략에 의해서 더욱더 그렇게 강화되고 있다고 생각하지만 어느 지역에 사느냐에 따라 어떤 정치 성향을 갖게 되느냐가 결정된다는 것이 참 재미있기도 하다. 필자는 영남 출신이지만 영남인들을 이해 못할 때가 많다. 일반적으로 진보와 보수의 성향은 반반 있기 마련인데 영남권에 거주하는 사람들은 보수적인 성향의 사람들이 훨씬 더 많다.

반면, 호남권에 거주하는 사람들은 진보 성향의 사람들이 영남에 비해 훨씬 더 많은 것을 알 수 있다. 왜 그럴까? 영남권 사람에게 왜 그리 보수적이라고 물으면 그들은 절대로 그렇지 않고 자신들은 합리적으로 판단해서 가진 이념적 성향이라고 한다. 여기서 정치적으로 역사적으로 어떤 입장이었는지를 살펴볼 생각은 없다. 어떤 연유에서든 그들은 그들의 처한 환경에 의해서 자신과 다른 지역에 사는 사람들과는 완전히 다른 생각과 다른 입장으로 행동하게 되는 것이다.

민감한 부분이기는 하지만 어떤 지역에 사느냐에 따라 종교적인 선택도 달라짐을 알 수 있다. 어느 종교를 가지고 있든지 간에 종교인들이 자신들의 종교가 아닌 다른 종교에 대해서 수용적인 입장을 가지기 어렵다는 것을 우리는 쉽게 볼 수 있다. 종교인들은 일반인들에 비해서 훨씬 더 책도 많이 읽고 수양이 더 된 사람들일 텐데 왜 그럴까?

필자의 생각에는 자신들만의 틀에 갇혀있기 때문이 아닌가 생각한다. 특정 종교는 종교 교리상 상대적으로 더 배타적이 되기도 하는데 그런 사람들에게 과연 자신이 속한 종교 교리가 아닌 여타의 종교 교리에 대해서 얼마나 공부하고 그렇게 행동하고 있는지 묻고 싶다. 자신들의 세계에 계속 빠져들어가 다른 세계에 대해서는 거부감을 보이고 배타적인 행동을 할 가능성이 높아지게 된다고 본다. 이처럼 우리는 어떤 지역에 태어났느냐에 따라 종교적인 선택도 달라질 수 있고 특정 종교에 더 우호적이 되기도 하는 것이다.

앞서 결혼에 대한 얘기를 했지만, 필자의 결혼생활도 만만치 않았다. 지금에서야 이렇게 얘기할 수 있지만 아내와 나는 엄청난 전쟁을 치를 수밖에 없는 배경을 가진 사람들의 만남이었다. 필자는 전형적인 경상도 보수적인 유교 영향을 받은 집안의 맏이였고, 아내는 호남 배경의 기독교 집안 출신의 막내였다. 종교적인 문제도 쉽지 않았지만 여자에 대한 나의 프레임에도 문제가 있었다. 여자는 청소 잘하고 밥 잘하고 빨래 잘하고 아니, 잘하지는 못하더라도 그게 기본이어야 한다는 나름의 프레임을 가지고 있었던 것이다.

그렇지만 아내는 달랐다. 집안에서 여자들이 전통적으로 하는 일에는 영 소질이 없었다. 오히려 바깥에서 사회생활을 하면 더 좋은 평가를 받고 역량을 인정받는 그런 사람이었다. 게다가 종교적인 배경을 극복하는 것도 쉽지 않았다. 집안 정리는 되어 있지 않고 아이들은 내버려 두고 교회만 열심히 나가는 사람. 남편과의 갈등도 한적한 기도원에 가서 기도함으로써 해결하려고 했던 사람. 그리고 교회에 남편과 상의도 하지 않은 채 결혼반지를 헌금하는 사람. 그것 외에도 아내와 나는 살아온 다른 환경으로 인한 서로 다른 프레임으로 인해 집안에 전쟁이 그칠 날이 없었다.

10년 정도 전쟁한 것 같다. 결혼 10주년조차도 부부싸움을 한 기억이 아직도 생생하다. 그래서 사랑과 전쟁이 아니라 전쟁 이후 사랑이 온다는 생각이 더 맞지 않나 생각한다. 이런 힘든 과정 속에 평화를 찾게 된 필자는 결혼한 지 얼마 되지도 않아 "잘 지냅니다. 신혼이라서 알콩달콩 재미있게 삽니다."라는 말을 들으면 잘 이해가 되지 않는다. '어떻게 완전히 다른 사람이 만나 처음부터 저렇게 잘 맞춰서 잘 살 수 있는 걸까?' 하는 생각에……

10년쯤 지나면서 프레임에 대한 이해를 하고 책을 통해 사람에 대한 이해의 폭이 깊어지고 여자는 집에서 빨래하고 청소 잘하고 요리를 해야 하는 사람이어야 한다는 비합리적인 프레임에서 벗어나면서부터 아내의 장점이 보이기 시작하고 나도 서서히 변화해 나가게 되자 자연스럽게 행복한 가정으로 이르게 되었다. 물론 아내도 함께 사는 동안 처음 가졌던 프레임에서 많은 변화가 있었다.

어찌 보면 당연하지 않을까 싶다. 남녀가 완전히 다른 환경에서 자라서 결혼 적령기에는 서로의 결점은 보이지 않는 장님 상태에서 하나가 되어 눈을 뜨고 난 뒤에 완전히 다른 둘을 발견하고 다시 원래의 그 사람에 대한 이해를 하기까지 걸리는 시간이 10년이라면 그리 긴 시간은 아니었지 않았나 싶다. 아무튼 지금은 행복하게 잘 산다.

이렇게 성별, 종교, 지역 등으로 인해 사람들은 완전히 다른 생각과 다른 행동을 하게 되는 것이다. 이런 다름을 극복하고 원활한 소통을 한다는 것은 당연히 어려운 일이다. 그것도 진정성 있는 공감적 소통을 해야 하기 때문에 더욱 어려운 것이다. 그래서 대인관계의 핵심은 소통이고 우리는 소통을 잘하기 위해서 끊임없는 노력을 해야 할 필요가 있다.

조직에서도 소통

　개인 관점뿐 아니라 조직관점에서도 소통은 정말 중요하다. 어찌 보면, 조직관리에서 가장 중요한 이슈가 소통이 아닐까 싶다. 조직은 개인이 모여서 이루어진다. 마음 같아서는 조직의 최고 책임자인 사장이 모든 일을 다 맡아 하면 소통이 필요 없겠지만 수천 명에 이르는 조직 구성원들의 일을 사장이 다 할 수 없을 뿐 아니라 세세한 업무를 다 알 수도 없다. 그래서 조직 구성원의 역할별로 업무처리 권한을 위임하여 운영하게 된다.

　여러 장기로 이루어진 사람처럼 조직도 여러 기능을 하는 부분 조직으로 이루어지는데 각자 부분 역할의 합 이상이 그 조직의 역량이 되어야 하지만 그것이 쉽지 않다. 사람 신체의 피가 잘 흐르지 않으면 문제가 생기듯 조직의 각 기능부서별로 소통이 제대로 되지 않으면 문제가 생긴다. 머리 역할을 하는 기획부서에서는 A 방향으로 가고자 하는데, 손과 다리 역할을 하는 현장부서는 B, C 방향으로 제각각 움직인다. 그렇게 해서는 조직의 목적과 목표를 달성하기 어렵다. 그래서 소통이 중요한 것이다.

링겔만효과란 것이 있다. 조직이라는 집단에 속한 개인의 수가 증가할수록 그 성과에 대한 1인당 공헌도가 비례해서 증가하지 하지 않고 오히려 떨어지는 현상이다. 구성원들의 합 이상의 결과를 나타내려고 하는 것이 조직의 목적인데 오히려 개인의 합보다 떨어지게 되는 현상이다. 이것의 원인은 소통이다. 조직이 원하는 방향과 목표를 명확히 공유하지 않은 채 각자 열심히 한 결과 나타나는 현상이다. 소통이 되지 않으면 조직은 개인 성과의 합보다 못하게 될 수 있는 것이다.

조직에서 소통의 시작과 끝은 어디일까? 시작도 끝도 현장이 되어야 한다. 어떤 조직이든 그 조직의 구성 목적은 고객과의 커뮤니케이션을 통해 뭔가를 얻으려는 것이다. 이때 고객과 직접 만나는 곳, 고객과의 커뮤니케이션이 일어나는 곳이 바로 현장이다. 조직에서의 정보는 일반적으로 경영층으로부터 아래로 흐른다. 소위 상위 직급에 있는 사람들은 잦은 회의와 모임을 통해서 그 조직이 가고자 하는 방향을 잘 알고 또 그렇게 움직이기 쉽다. 하지만 그런 지시나 방침이 현장 말단까지 원래대로 전달되기란 쉽지 않은 일이다. 중간에서 왜곡되기도 하고 끊어지기도 한다. 그래서 조직 내에서의 소통은 개인 소통보다 더 어려울 수 있는 것이다.

현장까지의 소통이 중요한 것은 현장에서 일하는 사람들이 회사를 대신하여 고객과 직접 만나는 사람이기 때문이기도 하지만 대체로 조직에서 하위직에 있는 직원들로 구성되어 있고 소외되어 있는 곳이라

소홀히 여겨지기 쉽기 때문이다. 현장에서의 사기가 높아야 전체 조직에 활력이 생긴다. 현장에서 근무하는 직원들에 대한 조직에서의 조그만 관심과 배려가 현장 직원들의 사기 진작에는 큰 도움이 된다. 소통효과 이상의 부수적인 효과도 거둘 수 있는 곳이 바로 현장에서의 소통이다.

GE의 전설적인 CEO였던 잭 웰치는 가장 존경하는 기업가로 선정된 리더십의 비결을 묻는 질문에서 "나는 내가 어디로 가는지 알고 있고, GE의 전 구성원은 내가 어디로 가는지 알고 있습니다."라는 말로 기업에서의 소통의 중요성을 강조하고 있다. 20만 이상 되는 직원들이 CEO의 생각과 같은 생각을 하고 같은 방향으로 행동하게 만든 소통의 힘이 바로 GE를 세계적인 기업으로 만든 비결이라 볼 수 있다.

"회사를 떠나는 것이 아니라 직장상사를 떠난다."라는 인력관리 전문가인 존 콘스틴 박사의 이 말은 조직에서 구성원들 간, 특히 상하 간의 소통이 얼마나 중요한 것인가를 말해주고 있다.

조직에서도 일방적인 소통이 아니라 공감적인 소통이 중요하다. 회사에서 소통 많이 하라고 수백 번 말한다고 해서 저절로 소통이 이루어지는 것은 아니다. 그야말로 일방적인 소통에 머물고 말 뿐이다. 물론 일방적인 소통도 하지 않는 것보다는 낫지만 한 방향의 소통은 소통의 시작에 불과하다.

조직에서의 소통도 완전한 소통이 이루어지기 위해서는 쌍방향 소통이 이루어져야 한다. 쌍방향 소통은 개인 간의 소통과 마찬가지로 진정성을 바탕으로 한 신뢰가 쌓였을 때 가능하다. 장시간 동안 일관적인 소통을 통해서 신뢰를 쌓았을 때 쌍방향 소통이 가능해진다.

조직에서의 소통은 위에서 아래로뿐 아니라 횡으로의 소통도 중요하다. 조직 부서 간 소통을 의미한다. 조직은 기능별로 분리되어 있는 경우가 많은데 분리되어 있는 기능이 하나의 유기체처럼 작동할 때 조직은 최고의 성과를 낼 수 있다. 이렇게 분리되어 있는 조직은 서로서로 도움을 주고받으면서 제 역할을 제대로 수행할 수 있는데 이때 어느 한 조직에서라도 제대로 소통되지 않으면 좋은 성과를 얻기 어려운 것이다.

더 나아가 같은 부서 내에서도 소통이 필요하다. 그래서 부서끼리의 단합 행사가 필요하고 같은 부서 내부에서도 다른 기능 간 소통이 필요하다. 어떤 조직이 지역 간 떨어져 있다면 그곳 역시 소통이 필요하다. 아무리 인터넷이 발달하고 SNS가 소통을 대신해 준다고는 하지만 사람이 직접 만나서 하는 소통에 비할 수는 없다. 미국 사회학자 매르비안에 의하면, 언어로써 상대에게 전달할 수 있는 것은 7%밖에 안 된다고 한다. 목소리가 38%, 그리고 몸짓, 제스처 등이 55%나 차지한다고 한다. 그래서 가끔씩 직접 만나서 얼굴을 보고 스킨십을 해야 제대로 소통된다.

특히 스태프들과 현장 직원들과의 소통은 더욱 중요하다. 현장 직원으로 근무했던 직원이라 하더라도 스태프가 되는 순간 현장과는 멀어지려 하는 경향이 있다. 스태프들은 수시로 현장 직원들과 함께하는 시간을 가지면서 소통하려 노력해야 하고 가능하다면 수시로 현장 직원들과 스태프 간에 교류가 일어나도록 함으로써 상대 입장에서 일을 할 수 있도록 하면 훨씬 원활한 소통을 기대할 수 있다.

이처럼 개인이든 조직이든 소통되지 않으면 서서히 죽음에 이른다.

이렇게 중요한 소통을 위해서 늘 노력할 때 우리는 더욱 성장할 것이며 그 조직은 더욱 발전해 갈 것이다.

사이코패스가 못하는 것

공감능력이 뛰어난 사람이 있는 반면에, 그렇지 못한 사람도 있다. 공감능력이 떨어지는 사람은 대체로 자기애가 강한 사람이다. 사람은 누구나 자신을 제일 소중하게 여긴다고 앞서 말한 바 있다. 그렇다고 혼자 세상을 사는 것이 아니라 자기처럼 자신을 소중히 여기는 여러 사람들과 함께 살고 있기 때문에 공감능력이 중요한 것이다.

우리 뇌 속에는 거울반사체가 있어 상대방의 감정과 느낌을 그대로 비춰볼 수 있기 때문에 상대방의 감정과 느낌을 완전히 무시한 채 어떤 행동을 하기는 어렵다고 한다. 거울반사체의 반사 정도에 따라 공감능력의 크기가 결정되는 것이다. 우리가 상상하기 힘들 정도의 잔혹한 범죄를 저지르고도 아무렇지 않은 것처럼 행동하는 사람을 사이코패스라 하는데 이들의 경우는 공감을 하는 거울반사체가 거의 발달되어 있지 않은 사람이라 한다. 그래서 이들은 사람을 찌르거나 아프게 해도 자신은 상대방의 입장을 전혀 공감을 하지 못하기 때문에 태연히 그렇게 할 수 있다는 것이다.

나에게는 아무렇지도 않은 얘기가 상대에게는 큰 상처가 될 수 있다는 생각을 해본 적이 있는가? 이 역시 공감소통에 해당하는 부분이다. 공감능력이 떨어지는 사람은 자신이 한 행동에서 상대가 입을 상처에 대해서 걱정하기는커녕 자신이 상대에게 상처를 주는 행동을 한 자체를 의식하지 못하는 경우도 많다.

대부분 사람들은 자신의 열등한 부분을 의식하고 있고 또는 자신만의 콤플렉스를 가지고 있다. 그런 부분을 이해하지 않고 행동하면 상대에게는 상처가 된다. 예를 들어 키가 작은 것이 콤플렉스인 사람 앞에서 키가 작은 것을 주제로 유머를 했다면 다른 사람들은 그 유머를 유머로써 받아들이지만 그 사람에게는 상처가 되는 것이다. 이렇듯 우리가 눈치도 채지 못한 채 일어나는 이런 일들은 허다하다.

이런 일은 왜 발생할까? 사람은 나를 중심으로 세상을 바라보기 때문이다. 사람은 자기 밖의 다른 일에는 의외로 관심이 없다. 앞서 예를 들었듯이 흰 옷을 입고 식사하다가 김치 국물을 떨어뜨려 옷을 더럽히게 되면 본인은 종일 그게 신경 쓰인다. 그래서 다른 사람들이 입고 다니는 옷을 유심히 들여다보지만 정작 다른 사람은 내 옷의 더럽힌 부분에 대해 거의 눈치채지 못할 뿐 아니라 관심이 없다. 자신의 일에만 관심이 있기 때문이다.

나는 아내가 어느 해 크리스마스 전후해서 갑자기 토라져서 1년이나 지난 다음에야 그 이유를 안 적이 있다. 보통 크리스마스가 되면 교회에서는 성탄축하예배를 드린다. 내가 다니는 교회에서도 간단한 축하 찬송을 하는 자리가 있어 아내에게 우리 가족도 찬양을 신청하는 게 어떠냐고 제의했다.

그런데 그날로부터 나는 보름 가까이 원인도 모른 채 아내랑 말을 하지 않고 어색하게 지내게 되었다. 그리고 바쁜 일상 속에서 원인도 모른 채 까마득히 잊어버리게 되었다. 1년이 지나 다시 크리스마스가 돌아오게 되었고, 어느 날 어떤 모임에서 교회 가족들과 이런저런 얘기를 나누는 과정에서 1년 전에 아내가 갑자기 말을 안 하고 그 원인도 모른 채 1년이 흘러버린 것을 깨닫게 되었다. 그때 아내로부터 그 당시 말을 하지 않게 된 이유를 듣고 난 뒤, 나는 다시 확인하게 되었다. '역시 사람은 자기중심적인 존재로구나!' 20년 이상 함께 살았던 아내의 마음도 이해하지 못할 정도로 사람은 철저히 자기만의 세계에 갇혀 있는 존재라고 생각하게 되었다.

아내는 지난해 크리스마스 일주일 전에 갑자기 암으로 사망했던 조카 생각에 사로잡혀 있었던 것이었다. 나도 같이 문상하고 장례를 치르고 왔지만 이미 일주일이 지난 연말이었기에 나는 그 사실을 이미 까마득히 잊어버린 채 아내의 마음을 전혀 공감하지 못하고 성도들 앞에서 함께 기쁜 찬양을 하자고 제안했던 것이다. 그처럼 상대의 입장을 생각하며 공감하기란 어려운 것이다.

이렇게 중요한 공감능력을 기르려면 어릴 때 부모가 아이들에 대해서 많이 공감해 주면 좋아질 수 있다고 한다. 그러나 어른이 되어버린 사람들의 공감능력은 어떻게 길러야 할까? 늘 "공감하라!", "겸손하라!", "배려하라!"라는 말은 많이 하지만 어떻게 해야 그 능력을 높일 수 있는지에 대한 구체적인 방법이 없다. 그나마 하나의 방법이 있다면 역지사지易地思之, 즉 상대 입장이 되어 보고 행동하는 것이다. 그런데 상대 입장이 되어 보는 것과 상대가 되는 것과는 완전히 다른 것이기 때문에 한계가 있다. 그래서 공감능력 배양이 더 어려운 게 아닌가 한다.

이렇게 공감을 하기 쉽지 않기 때문에 우리는 상대에 대해서 배려할 줄 알아야 한다. 앞에서 언급했듯이 상대가 자신과 다른 말을 하더라도 다른 것이지 틀린 것이 아니란 사실을 명심해야 한다. 사람은 모두가 다르기 때문에 다른 말을 하는 것이 당연하다고 생각해야 한다. 배려를 다른 관점에서 보면 겸손이다. 내가 틀릴 수 있다는 것을 인정하는 자세다. 배려는 모든 사람이 서로 다르다는 관점에서 접근한 시각이라면 겸손은 내가 모든 것을 알 수 없기 때문에 내가 틀릴 수 있다는 시각에서 접근한 것이다. 그래서 배려와 겸손은 한 쌍이다.

앞서 언급했듯이 소통에는 언제나 상대가 있다. 상대와의 소통주파수를 맞추기 전에 전제되어야 하는 것이 앞서 언급한 바 있는 진정성과 신뢰다. 진정성과 신뢰를 바탕으로 하고 거기에 배려와 겸손한 마인드를 갖는다면 공감에 필요한 모든 능력을 갖춘 셈이다. 공감하는데 꼭 필요한 능력인 진정성과 신뢰 그리고 배려와 겸손을 갖추기 위해서는 우리의 내면적인 의식 성장 없이는 불가능하다. 공감능력은 바로 나의 성장과 함께 얻어지는 것이다.

자신이 성장하게 되면 자기 이외에 다른 사람도 보이기 시작한다. 다른 사람의 아픔과 슬픔도 느껴지기 시작한다는 것이다. 그래도 자신의 것과 같이 될 수야 없겠지만 어느 정도까지는 상대방의 입장을 느낄 수 있게 된다. 이처럼 공감능력은 나의 의식 성장을 통해서 이루어진다.

방귀 뀐 놈이 성낸다

"평소 일을 야무지게 잘하신다고 해놓고 제가 왜 이런 평가를 받아야 하는지 모르겠어요. 소통이라는 것은 다른 사람과의 관계에서 발생하는 건데 상대방이 문제가 있는 부분은 언급하지 않고 저한테만 문제가 있다고 하시나요? 회사 규칙을 어기면서까지 상대방의 마음에 맞춰 일할 수는 없는 것 아닌가요? 제가 관리하는 직원이 이직한 것은 그 직원의 문제이고, 그 직원이 잘못하고 있었다는 것은 모두 아는 사실 아닌가요? 그런데 왜 제가 이런 평가를 받아야 하지요?"

사람을 관리하는 위치에 있는 사람의 소통문제에 대해 평가하게 될 때 해당 관리자가 억울하다며 주장하는 내용들이다. 해당 관리자는 자신이 왜 낮은 소통점수를 받아야 하는지 모른다. 자신은 잘하고 있고 문제는 상대방에 있다고 생각하기 때문이다. 그래서 양쪽 얘기를 다 들어 봐야 하고 소통문제의 원인이 상대방에 있는 것은 아닌지 먼저 확인하고 평가를 해야 한다고 주장하는 것이다. 틀린 말은 아니다. 분명히 관리자가 아닌 부하 직원의 문제가 원인이 될 수도 있기 때문이다. 그렇지만 그 관리자와 일하던 직원들이 1명이 아니라 2명, 3명 계속 떠나는 일이 발생된다면 문제는 그 관리자에 있을 가능성이 높다.

특정 관리자 밑에 있는 직원만 자꾸 떠나는 조직은 물어보지 않아도 그 관리자의 소통에 원인이 있다고 보면 틀림이 없다. 그러나 해당 관리자는 완강하게 그것을 부인한다. 자신은 업무를 잘 관리하고 있고 성과도 잘 내고 있는데 무슨 문제가 있느냐? 그만두는 직원들은 그 직원들의 문제이지 자신의 문제는 아니라며 항변한다. 그렇지만 어느 조직이든지 자신에게 꼭 맞는 직원들만으로 일을 할 수는 없다. 직원들 중에는 마음에 더 맞는 직원이 있는가 하면 어떤 직원들은 아무리 마음을 두려고 해도 잘되지 않는 직원들이 있기 마련이다.

그렇다고 해서 내 마음에 들지 않는 직원들을 다 내보낼 수는 없는 것이다. 그 관리자는 업무 성과에서는 그리 문제가 나타나지 않았을지도 모른다. 그렇지만 조직관리에서 업무는 기본이다. 그리고 더 중요한 업무 영역에 소통능력이 있다. 소통을 소홀히 하면서 일만 열심히 하면 단기간에는 좋은 성과를 낼 수 있지만 그 성과가 길게 가기는 힘들다. 조직을 관리하는 입장에 있다면 직원들과의 소통이 전부라 할 정도로 관리자에게 있어 소통능력은 중요한 부분이다. 소통이 무너지면 조직은 무너진다.

그런데 소통능력은 내가 평가하는 것이 아니다. 소통능력은 소통하고 있는 상대가 평가하는 것이다. 나는 아무리 소통을 잘했다고 하더라도 상대방이 아니라면 아닌 것이다. 특히 관리자의 경우에는 부하의 평가도 감안이 되고 옆 관리자나 자신의 상사가 다른 사람의 의견을 듣고 평가하는 것이다. 나는 완벽히 소통을 잘한다는 말은 의미 없는 말이다. 소통은 상대가 평가한다는 것을 명심해야 한다.

회사 내부 직원들을 대상으로 급여와 복리서비스를 하는 직원이 있다고 생각해 보자. 그 직원은 급여나 복리서비스 업무를 아주 꼼꼼하게 정확하게 잘 처리하는 직원이고 회사를 위해 열심히 일하는 직원이다. 그는 회사를 위해 열심히 일을 하는 것은 맞을지 모르지만 소통에 대한 평가는 별개다. 소통에 대한 평가는 자신이 만나는 내부고객 즉 직원들의 평가에 의해서 결정되는 것이다. 자신에게 서비스를 받는 직원들의 얘기를 들어 평가하는 것이다. 업무를 잘하려다 보면 기준을 엄격하게 적용하게 되고 그렇게 하는 가운데 직원들과 갈등이 일어나기 마련인데, 그것은 회사를 위해 한 일이니 좋은 평가를 받아야 한다고 주장한다.

당연히 일은 엄격하고도 절차를 준수하면서 하는 것이 맞다. 그렇지만 같은 일을 처리하더라도 따뜻한 마음으로 상대방의 입장이 되어 그 일을 처리하면 상대방은 나쁜 감정을 갖지 않는다. 그리고 나쁜 평가로 이어지지도 않을 것이다.

우리가 관공서에서 민원서비스를 받을 때도 마찬가지다. 어떤 경우에는 기준상 내가 원하는 대로 되지 않는 때도 있지만, 어떤 사람으로부터 어떤 피드백을 받느냐에 따라 기분이 좋아지기도 하고 나빠지기도 한다. 내 입장을 충분히 헤아리면서 정중히 안 된다고 말하는 사람에게 나쁜 감정을 가질 수는 없는 것이다. 이런 경우 내가 원하는 서비스는 받지 못했지만 소통에 문제가 있다고 불만을 표출하지는 않는다.

강의할 때도 마찬가지다. 어떤 강사는 자신이 강의할 때 청중이 졸고 있다고 화를 내는 사람이 있다. 화를 낼 사람은 강사가 아니라 청중이어야 한다. '얼마나 소통되지 않는 강의를 했길래 청중이 잠을 다 잘까?'라고 생각해야 한다. 방송을 들으려면 주파수를 맞추어야 한다. 서로 다른 주파수에서는 일방향 전달만 이루어질 뿐이다. 소통은 쌍방향으로 이루어지는 것이어야 한다. 마찬가지로 서로 주고받을 준비가 된 상태에서의 이루어지는 강의라야 효과가 크다. 상대는 준비가 되지 않았는데 나 혼자 아무리 떠들어도 수강자에게 남는 것은 없을 것이며, 곧 휴대폰이나 다른 곳으로 한눈을 팔게 만들 뿐이다.

조직이 복잡해지고 빨리 돌아가면서 소통이 차지하는 비중은 점점 더 커지고 있다. 그렇지만 소통은 내 입장에서 잘하는 것이 아니라 상대 입장에서 잘해야 하는 능력임을 잊어서는 안 된다.

고만고만하니 다툰다

박근혜 정부가 출발하고 나서 국격에 대한 얘기들이 많아졌다. 경제적인 규모나 잘사는 정도로 보면 선진국 대열에 올랐지만 과연 국가의 품격 차원에서도 그런지 살펴보자는 것이다. 우리나라가 먹고사는 문제는 어느 정도 해결했지만 국격 차원에서 보면 아직도 갈 길이 멀다는 생각이 든다. 학문을 중시하는 단계에서도 먹고사는 문제가 중요할 때는 경영학, 경제학, 사회학이 중시되다가 어느 정도 생존의 문제가 해결되고 나면 인문학, 철학이 부각된다고 한다. 그래서 우리나라에서도 인문학 열풍이 불고 있는 게 아닌가 한다.

개인도 마찬가지다. 사회생활을 하다 보면 사람들은 갈등을 겪기도 하고 다투기도 한다. 그렇게 한 뒤에는 더 나쁜 감정을 갖기도 하지만 대체로는 '참을걸…….' 하면서 후회하는 경우가 더 많다.

사람들은 왜 갈등하게 될까? 필자는 이것을 '격'이 비슷하기 때문이라고 이해한다. 품격이 고만고만하기 때문에 갈등이 생기고 싸우게 되는 것이다. 정확하게 말하면 품격의 낮은 정도가 고만고만하기 때문에 싸우는 것이다. 품격의 차이가 크게 나거나 두 사람 모두 높은 품격의 소유자면 싸울 일이 없다.

5살배기 꼬맹이 녀석이 어른들에게 성내며 대든다고 해서 똑같이 대응하는 어른들은 없다. 격의 차이가 많이 나기 때문이다. 또한 성철 스님 같은 분이 나에게 불편한 얘기를 했다고 해서 그분에게 막무가내로 대들지 않을 것이다. 오히려 내가 잘못한 점이 없는지 되돌아보게 될 가능성이 많다. 격의 차이가 많이 나기 때문이다. 그리고 품격이 높은 사람들끼리는 서로 다투는 경우는 거의 없을 것이다. 아마도 정치권에서 수시로 싸움을 하는 것은 싸우는 두 주체의 격이 비슷하게 낮기 때문이 아닌가 생각한다.

보통 대학교를 다니면서 당구를 배우게 되는데 이때 배우는 당구 수준은 대부분 150에서 250이고 이때 제일 재미있게 당구를 즐길 수 있다고 한다. 실력이 서로 엇비슷하니 내기 당구를 해도 이기는 확률이 비슷하니 재미있고 스릴이 넘칠 수밖에 없다. 이렇게 비슷한 수준의 친구들끼리 게임을 하는데 옆에서 지켜보던 친구들의 훈수에 의해 상대가 이기게 되면 얼굴을 붉히기도 한다. 어떤 지점에서는 서로의 방법이 옳다며 말싸움을 하기도 한다. 하지만 이때 실력이 500이 넘는 사람이 나타났다고 가정해보자. 그 사람이 한마디 하면 그냥 모두 고개를 끄덕거릴 수밖에 없다. 격이 다른 사람이 나타난 것이다. 이렇게 격이 다르면 다툴 일이 없다.

인격과 지적 수준도 마찬가지다. 비슷하니 다투는 것이다. 격이 다른 인격의 소유자와는 싸움이 안 된다. 지적 수준도 비슷하니 서로 주장을 다투지만 한 차원 높은 사람과는 싸우지 않는다. 격이 다른 사람은 공감하는 능력이 더 높을 수밖에 없다. 상대적으로 높은 인격의 소유자는 낮은 사람의 마음을 잘 이해하고 그 사람의 입장을 들어주려 노력한다. 그러니 소통이 잘될 수밖에 없다. 지적인 능력도 마찬가지다. 조금 알 때 많이 떠드는 법이다. 어느 정도 이상이 되면 지켜본다. 그리고 꼭 필요할 때 한마디 하더라도 상대방이 기분 나쁘지 않게 한다. 이렇듯 격이 다르면 갈등이 생기지 않고 소통도 잘할 수 있다.

수많은 직원들과 함께 근무하는 회사에서는 늘 사람과 사람 사이에 갈등이 생기기 마련이다. 심지어 직원들이 이직하는 첫 번째 원인이 일 자체보다는 자신의 상사나 동료와의 갈등이라고 하지 않았던가?

이런 일이 있었다. 중간간부 A와 하급간부 B와의 갈등의 골이 깊었다. 업무로 인해 시작된 갈등이 이제는 감정의 갈등으로 발전하게 되자 점점 더 두 사람 간의 관계는 악화되어 서로 간에 말 섞기를 거부한 상태였다. 급기야 퇴사 또는 전직을 결심한 하급간부 B로부터 면담요청이 왔다. 이 정도가 되면 원상태로 회복하기가 쉽지 않다. 어디서부터 실마리를 풀어야 할지 막막했다. 이미 중간간부 A로부터도 그 하급간부 B가 관리하는 부서에서만 지속적으로 문제가 일어나는 데 대해 더 이상 좋은 감정으로 대하기 힘들다고 들어왔던 터였다.

우선 객관적인 사실 위주로 대화하기 시작했다. 대부분 그러하듯이 면담하면서 하급간부 B는 자신의 입장에서 섭섭했던 부분을 쏟아 놓기 시작했다. 자신은 상대 입장을 배려해 왔다고 하면서 늘어놓은 이야기의 대부분은 자신의 입장을 옹호해 주기를 원하는 내용이었다. 그래서 자신의 상사인 중간간부의 입장을 최대한 객관적으로 언급하면서 설득하려 했으나 들으려 하지 않았다.

그래서 품격론을 얘기하기 시작했다. 사람은 서로 비슷하기 때문에 싸운다. 두 사람은 인격적으로 비슷하기 때문이다. 앞으로 수많은 사람들과 부딪히며 살아가면서 이런 갈등이 수없이 발생할 텐데 그때마다 서로 말을 하지 않고 그 사람과 헤어지는 방법으로 문제를 풀 것인지 아니면 자신의 격을 더 높여 껴안고 포용함으로써 문제를 해결할 것인지 물었다.

동료와의 관계, 상사와의 관계, 배우자와의 관계, 부모와의 관계, 이웃과의 관계 등 어느 관계에서든지 갈등은 있기 마련이다. 그럴 때마다 서로 말을 하지 않고 갈등하다가 헤어지는 방법을 택하며 살 것인가? 아니면 스스로 품격을 높여 상대를 포용할 것인가? 이에 대해 생각해 보라고 했다. 곰곰이 생각해 보던 하급간부 B는 눈물을 흘리면서 스스로의 격을 더 높여 자신의 상사도 품는 쪽으로 해보겠다며 원만하게 면담을 마무리할 수 있었다.

격이 달라지는 방법이 뭘까? 어떻게 하면 격이 달라질 수 있을까? 아니, 격까지는 아니더라도 상대방의 입장과 생각에 대해서 더 많이 인정하고 더 많이 받아들이는 방법이 뭘까? 사실 말하기는 쉬워도 행동으로 옮기기는 쉽지 않다. 결국 내 마음과 내 생각이 그와 같은 상대의 다양성을 받아들일 수 있어야 하는데, 이는 내가 의식적으로 성장하는 방법 외에 다른 방법은 없다.

우리는 혼자 살 수 없다. 함께하는 삶은 공감적인 소통에서 시작한다. 공감적 소통을 잘하기 위해서는 내게 형성된 프레임을 인정하고 상대에 대해서는 더 배려하고 나에 대해서는 더 겸손해야 한다.

그리고 나의 프레임을 더 합리적인 프레임으로 변화시켜 나갈 때 가능하다.

끊임없는 변화에 도전하며 그 변화에 적응해 나감으로써 나의 프레임은 더욱 바람직한 방향으로 변할 것이며 상대와의 소통도 더 원활해질 것이다. 이것이 바로 성장이다. 성장과 함께 나는 더욱 바람직한 관계 속의 나로 변신하게 될 것이다.

소통비책

대인관계에서 가장 중요한 소통! 특히 공감적 소통을 잘하는 유일한 방법은 잘 들어주는 일이다. 소통을 잘하려면 말을 잘해야 할 것 같은데 오히려 말을 적게 해야 한다. 상대방이 말을 많이 하도록 배려하고 상대방이 하는 말을 잘 들어야 한다. 말로 통해 전해지는 내용뿐 아니라 상대의 내면에 있는 동기와 정서까지도 읽으려 노력하면서 잘 들어야 한다.

이를 경청이라고 하는데 필자는 이게 얼마나 어려운지 잘 안다. 특히 책을 좀 읽고 난 뒤부터는 더 힘들어졌다. 상대가 어떤 얘기를 하면 필자가 생각하는 답을 주기 위해서 상대의 말이 끊어지자마자, 어떤 때는 양해를 구하고 자신이 알고 있는 이야기를 하려고 끼어들기도 한다. 그렇게 하고 난 뒤에는 더 들었어야 했다고 나중에 후회를 한다. 왜냐하면 내가 기어코 끼어들면서 말을 했던 이유는 상대를 설득하려고 했거나 내가 더 인정받고 싶어 했던 행동일 텐데 결과는 보통 그 반대로 나타나기 때문이다.

그래서 성장해야 한다. 필자가 그 순간에 조금 안다고 끼어든 것은 아직 충분히 성장하지 않았기 때문이다. 더 성장하면 자신이 말을 많이 하기보다는 기다리게 된다. 상대의 얘기를 충분히 듣고 기다리다가 상대의 감정을 살피고 난 뒤 필요한 말을 절제하면서 하게 된다. 이렇게 할 때 상대로부터 인정받는 소통을 할 수 있게 된다.

차라리 아무것도 모르면 말을 않고 참기 쉽다. 대화에 참여하려 해도 주제와 관련해서 어느 정도 아는 것이 있어야 참여할 수 있기 때문이다. 그런데 조금 알면서부터가 더 문제다. 자신이 알고 있는 것을 상대에게 말하고 싶어 참을 수가 없다. 그래서 틈만 나면 아는 것을 이야기하려고 하고 상대를 설득하려 한다. 그러나 그렇게 해서는 나의 이야기가 전달되지도 않을 뿐 아니라 설득되지도 않는다. 그냥 들어야 한다. 나는 말하지 않고 그냥 들어야 한다. 가능하면 상대가 나의 이야기를 듣고 싶어 할 때까지 기다리는 것이 좋다. 그러면 소통되기 시작한다. 소통은 내가 말하는 것이 아니라 듣는 것이다.

소통은 상대를 알아주는 것이 먼저여야 한다. 나눔에서도 주는 것이 먼저이듯이 소통에서는 들어 '주는' 것이 먼저다. 들어야 상대의 생각을 알 수 있기 때문이다. 상대의 생각을 모른 채 소통을 할 수는 없는 일이다. 그렇지만 우리들은 상대의 생각을 알려고도 하지 않은 채 내 생각을 전달하는 것만으로 소통했다고 한다. 이것이 바로 전형적인 일방적인 소통 모습이다. 듣는 것, 그것도 주의 깊게 듣는 것, 공감하면서 듣는 것은 가장 좋은 소통 방법이다. 상대의 어려움과 힘든 일을 들어주는 것만으로 문제의 대부분이 해결될 때가 있다. 그만큼

잘 듣는 것은 상대를 잘 배려하는 것이고 상대와 잘 소통하는 일이
된다.

"

어떤 칭찬에도 동요하지 않는 사람도
자신의 이야기에 마음을 빼앗기고 있는 상대에게는 마음이 흔들린다.
- 쟈크 워드 -

"

소통비책2

공감적 소통의 핵심은 적게 말하고 잘 들어주는 것이라고 했다. 그만큼 소통을 하는 데에는 잘 들어주는 것이 중요하다. 그럼에도 불구하고 중요한 소통방법 중 하나는 말을 하는 것이다. 소통하려면 말을 해야 한다. 가능하면 들으려고 노력하는 것이 맞지만 말을 않고서는 소통할 수 없다. 아무리 오래된 부부도 말을 않고서는 상대의 의도를 알아차릴 수 없듯이 말을 해야 한다. 오래 같이 살면 음식 취향이나 성격에서 나타나는 정도는 눈치챌 수 있을지언정 그 사람의 속내는 알 길이 없다. 그래서 가까운 사람일수록 상대에 대한 기대 수준이 높아져서 더 많이 섭섭해하고 심지어는 서로 다투기도 한다. 적어도 '나의 남편, 연인이라면 이 정도는 알 수 있겠지.' 하는 생각에 내가 원하는 대로 상대가 행동하지 않을 때 섭섭해하고 실망하게 되는 것이다.

자녀와 부모, 남편과 아내 간에 대화를 하면서 자신이 갖고 싶고 하고 싶은 것을 얘기해 보라고 하면 금세 정리해서 내놓을 수 있지만 아빠가 원하는 것이 무엇인지, 자녀가 원하는 것들은 어떤 것이 있는지, 아내가 하고 싶은 것은 무엇인지에 대한 질문에는 머뭇거리고 말을 못 하는 상황을 얘기하면서 요즘 라디오 공익방송 광고에서는 가족 간에 대화가 필요함을 알려주고 있다. 그래서 말을 해야 한다. 서로 말을 하지 않고 상대의 생각을 알 수는 없다. 그것은 점쟁이의 영역이지 보통 사람들에게 그렇게 요구할 수는 없다.

상대의 생각을 미리 읽고 상대가 원하는 대로 해줄 수 있으면 좋겠지만 그렇게 해서 실망하는 것보다는 자신이 원하는 것을 미리 말해두는 것이 좋다. 요즘은 그런 부분이 좀 더 자연스러워진 것 같다. 생일 같은 기념일 때도 그냥 기다렸다가 원하지 않은 선물인 데도 억지로 기쁜 척하기보다는 미리 자기가 원하는 것을 알려주고 원하는 선물을 받는 편이 훨씬 더 합리적이고 좋아 보인다.

그렇지만 말을 하는 것도 상대 입장을 감안해서 해야 한다. 자신의 관점에서만 얘기하는 것을 소통이라고 할 수 없다. 대화에서는 항상 상대방이 있는 것이다. 그리고 내 생각과 이야기를 하는 데 그쳐야지 상대방의 생각을 판단하고 상대방의 관점을 평가하려 하고 상대방에게 섣불리 조언하려고 해서는 안 된다. 그냥 나의 얘기를 상대방 입장을 고려해서 정확하게 전달해야 바른 소통에 이르게 된다.

가까운 사람일수록 상대가 알아서 해주기를 기대하는 수준이 높아지는 것 같다. 거듭 말하지만 그렇게 될 수가 없다. 특히 싫은 부분에 대해서는 더 정확하게 전달해야 한다. 자신이 원하지 않은 데도 불구하고 상대의 마음을 배려하여 그냥 참고 지내는 경우가 많다. 그렇게 참고 지내면서 속내는 내가 이렇게 힘든 데도 불구하고 참고 지내는 것을 알아주기를 바라고 그만큼 상대에게도 더 많은 기대를 하게 되어 실망도 더 커지게 되는 것이다.

자신이 원하는 것과 싫어하는 것을 말할 수 있는 것도 성장과 직결되어 있다. 자신이 성장하지 않은 채 자신의 경계를 분명하게 하지 못하는 사람의 경우에는 자신이 원하거나 싫어하는 것을 상대에게 분명하게 말할 수 없다. 이런 사람들은 자신의 경계 속에 다른 사람들을 들여 놓고는 겉으로 불편하지 않은 척할 뿐 속으로는 힘들어하게 되어 언젠가는 밖으로 표출하게 되거나 스트레스로 잠재하게 된다.

필자도 이 부분에서는 할 말이 없다. 과거에는 이런 나의 성격을 상대를 배려하는 좋은 성격으로 생각한 적도 있었다. 그렇지 않다. 그것은 스스로 자신감이 부족하고 스스로의 정체성이 명확하지 않아 자존감이 낮기 때문에 생기는 일이다. 성장하면 분명하게 말할 수 있다. 그것도 상대가 기분 나쁘지 않게 말할 수 있다. 결국 성장하면서 우리의 소통도 성숙해지는 것이다.

주　인　공
빅　　　뱅

4편

•

북새통경영의 실제

•

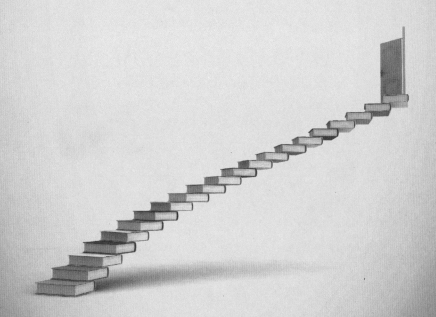

다음은 필자가 기업에서 의식 성장 프로그램의 일환으로 시행해온 독서경영의 내용을 정리하였다. 북새통이란 이름으로 진행된 독서경영은 직원들이 거대한 기계 속의 부품이 아니라 조직 속에서 존중받고 스스로 주인공의 삶을 사는 데 도움을 주면서 조직에 큰 활력을 주는 프로그램으로 정착하고 있다.

북새통경영이란?

북새통, 책으로 새로워지는 소통과 책이 북적거리는 모습을 연상해서 만든 이름이다. 필자가 몸담았던 회사에서는 이 프로그램을 중요한 기업 문화의 하나로 정착시켜 왔다. 기업경영의 핵심 프로그램이자 경영철학의 베이스로 활용해 왔다는 것이 큰 특징이다.

필자가 책임을 맡고 있던 회사는 일반적으로 콜센터, 컨택센터라고 불리는 회사다. 매일 수많은 고객을 전화로 만나면서 회사를 대신하여 고객의 불편함을 해소해주는 역할을 담당하는 회사다. 업무에 따라서 비교적 단순한 업무가 반복되는 경우에서부터 업무 난이도가 높아 1년 가까이 일해도 숙련상태에 이르지 못하는 업무도 있지만, 대체로 외부에서 바라보는 시각은 '중요한 업무이지만 단순한 업무'로 되어 있다. 콜센터 업무를 통틀어 한꺼번에 단순한 업무라고 규정하는 것에는 문제가 있지만, 평균적인 콜센터 업무를 감안하면 '비교적 단순 반복적인 업무'라고 규정할 수 있겠다.

콜센터에서는 수시로 업무지침이 변경되고 새로운 업무정책이 주어지지만 이직률이 높은 데다 조직이 방대하고 고객의 전화량에 맞춰 근무시간이 다르게 적용되는 경우가 많아 일관된 소통을 하기가 여간 힘들지 않은 조직이다. 바꿔 말하면 회사로부터 내려오는 지침을 상담 현장까지 전달하기 위해서 직원들을 한자리에 모아놓고 일시에 전달할 수 있는 방법이 없어 소규모 단위로 여러 번 전달해야 한다는 뜻이다. 간단한 정보 제공이나 업무 전달은 메일이나 메신저 등을 통해 일괄적으로 전달할 수는 있지만 완전한 소통에는 어려움이 있다.

업무뿐만 아니라 구성원 간의 소통에서도 역시 마찬가지 어려움이 존재한다. 같이 일하는 직원들이 한꺼번에 만나서 어떤 행사를 하거나 스킨십이 필요한 정서적인 커뮤니케이션을 하기가 쉽지 않다. 그리고 업무에 투입되는 순간 주위 사람과의 사적인 대화는 곧 성과 하락을 의미하므로 업무가 아닌 사적 소통은 금기시되는 곳이 콜센터 조직의 특징이기도 하다. 이처럼 콜센터는 구성원 간 혹은 상하 간의 소통이 만만찮은 조직이다.

이러한 소통의 어려움을 극복하기 위한 방법의 일환으로 콜센터에서는 다양한 이벤트를 벌인다. 첫출근데이, 발렌타인데이, 자장면데이, 빼빼로데이, 무비데이 등과 같은 각종 데이로 불리는 날에 이벤트를 벌이며 직원들 간 소통을 꾀하고, 이런 전형적인 이벤트 외에도 각종 크고 작은 행사들을 통해서 직원들 간의 소통을 돕고 있다. 이러한 소통 활동들은 나름대로 직원들 간의 교류에 의미를 부여할 수 있지만 궁극적으로 직원이 그 직장을 계속 다녀야 할 이유를 제공해 줄 수는 없다. 잠시 힘든 일을 잊게 하고 동료들 간의 즐거운 시간을 보내게 할 수는 있지만 근본적인 직장의 의미를 발견하고 직장에서의 가치를 갖게 할 수는 없다는 뜻이다.

결국 모든 직원들은 언제 어떤 일을 하든지 간에 자신이 하는 일의 가치와 의미를 발견할 때 그 업무에 몰입을 할 수 있고 그 일이 즐거워질 수 있다. 그렇게 하려면 꾸준히 자신을 성찰하면서 자신에 대한 자존감을 높여 나가고, 자기 자신의 삶을 찾으며 스스로 정체성을 확보해 나가야 하는데 이는 결국 자신의 의식 성장을 통해서 이루어질 수 있는 것이다. 그래서 시작한 것이 북새통활동이다. 책을 통해서 자신을 재발견할 수 있고 궁극적으로 자신의 삶을 찾게 되고 그 속에서 자신이 하는 일에 의미를 갖게 되는 것이다.

책 몇 권 읽는다고 지금까지의 삶이 갑자기 달라지기는 어려울 수 있지만 책을 통해 꾸준히 성장해 가다 보면 자신도 모르게 변화된 삶을 발견하게 만들어 준다.

북새통경영의 목적

소통

북새통, 책으로 새로워지는 소통! 북새통의 첫 번째 목적은 소통 활성화. 어느 회사이든지 소통을 잘하기 위해 노력한다. 직원들의 숫자가 많을수록 그리고 직원들의 생각이나 경력이 다양할수록 소통은 더 어려워질 수밖에 없다. 컨택센터는 항상 고객을 응대해야 하므로 한꺼번에 전 구성원이 모이기 힘들어 더욱 소통이 어렵다. 컨택센터는 인력 구성도 다양할 뿐 아니라 근무시간도 다양해서 체계적인 소통이 쉽지 않은 대표적인 조직 중 하나일 것이다.

조직에서의 소통은 현장경영을 의미하기도 한다. 조직운영에 필요한 모든 답은 현장에서 나오기 때문에 모든 회사는 현장경영의 중요성을 강조한다. 하지만 관리자나 스태프 업무를 하는 직원이 되면서부터 현장에서 멀어지기 시작한다. 현장에서부터 성장하여 임명된 관리자라 하더라도 관리자가 되는 순간부터 현장의 사정을 무시하고 일을 하는 경향이 있다. 그 결과 현장과의 소통은 점점 멀어지고, 현장과 동떨어진 기획이 일어나고 쓸데없는 일에 시간과 자원을 투여하게 되는 결과를 가져온다.

모든 조직에서는 직원과의 소통을 위해 여러 가지 방법을 강구한다. 그렇지만 진정성 있는 소통을 하기란 쉽지 않다. 외형적으로 일어나는 소통이 내면적인 소통으로까지 연계되기란 더욱 쉽지 않다. 이런 차원에서 보면 정기적으로 책을 읽고 소감을 나누는 일은 최고의 소통방법 중 하나라 생각한다.

그냥 한 달에 한 번씩 만나서 대화를 하는 방법도 훌륭한 소통이 되겠지만 그 매개체로 책이 있게 되면 대화의 내용이 달라진다. 같은 책을 읽으면 공통 주제가 생길 뿐 아니라 대화의 내용이 풍부해진다. 단순한 일상사나 머리 아픈 회사업무 내용이 아니라 자신의 삶과 꿈 그리고 자신의 미래에 대한 얘기로 발전할 수 있다. 즉 개인의 내면과 연계되는 소통이 이루어질 수 있다는 점에서 함께 책을 읽고 소통을 하는 일이 더욱 가치가 있는 것이다.

이처럼 함께 책을 읽고 읽은 책의 내용을 나누는 일은 어떤 소통방법보다 훌륭한 것이 된다. 읽은 책을 나누는 것은 서로의 관점을 공유하는 시간이 된다. 같은 책을 읽고 느끼는 점이 다른 것은 살아온 자신의 삶이 투영되어 나타나기 때문이다. 그러는 동안 서로를 더 잘 이해할 수 있게 된다.

도전

북새통은 새로운 도전을 위해 꼭 필요하다. 책을 읽기 시작하면 우선 책 속에 수많은 독서 소재가 생긴다는 것을 알 수 있다. 다른 책을 읽고 쌓인 저자의 생각들이 다시 새로운 책으로 탄생하기 때문에 책 속에 자신들이 읽어야 할 새로운 책이 발견되고 새로 봐야 할 영화제목들이 나타난다.

처음에 책을 읽는 사람들이 가지는 어려움 중 하나는 대체 무슨 책부터 읽으면 좋을지 모르는 것이다. 처음에는 쉬운 책이 좋다. 무조건 잘 읽히는 책이 좋다. 그리고 얇은 책이 더 좋다. 이런 책들이 책을 가까이하고 책을 읽는 습관을 형성하는 데 도움이 되기 때문이다. 그래서 처음에는 베스트셀러를 중심으로 읽는 것이 좋은 것이다. 그런데 이런 책들을 읽다 보면 자신이 더 읽어야 할 책이 그 속에 나타나기 시작한다. 그 책들을 하나씩 찾아 읽기 시작하면 되는 것이다. 이처럼 책 속에 읽어야 할 책이 있다.

또한 책을 읽다 보면 꿈이 생기기 시작한다. 그냥 "꿈을 가지세요." 라고 한다고 꿈이 생기는 것이 아니다. 억지로 꿈을 적으라고 해서 적은 꿈은 자신의 꿈이 아니라 남에게 보여주기 위한 꿈일 가능성이 많다. 물론 그렇게 해서 적는 꿈도 의미가 없지는 않겠지만 진정한 꿈은 자신이 스스로 생각해서 잉태하는 꿈일 것이다. 이런 차원에서 책을 읽다 보면 꿈을 꾸기가 좋다. 책을 읽다 보면 저자의 삶으로부터 새로운 꿈을 갖게 되기도 하고, 책 속의 다양한 세계에 대한 꿈을 꾸게 되는 것이다.

그냥 남에게 자랑하기 위해 세계여행을 꿈꾸는 것과 책을 통해 펼쳐지는 나라의 풍경과 삶과 이야기를 먼저 만나고 꿈꾸는 세계여행은 실현가능성과 그 의미가 달라질 수밖에 없다. 전자의 꿈은 남에게 보여주기 위한 꿈일 가능성이 많다. 그냥 가서 각종 랜드마크 앞에서 사진 찍어오기 바쁜 여행이 되겠지만 후자의 여행은 나의 삶의 한 부분이 되고 여행을 통해 진정한 가치와 의미를 발견하는 차원 다른 여행이 될 것이다.

꿈이 무엇인가? 도전을 의미한다. 어제와 같은 삶을 살면서 다른 내일을 꿈꿀 수는 없다. 다른 삶을 살면서 다른 내일을 꿈꾸는 것이다. 새롭고 다른 삶은 도전을 의미한다. 도전적인 삶에는 책이 훌륭한 역할을 한다.

꿈이 있어야 현재도 즐거워진다. 아무리 현재 힘든 일에 매달려 있어도 꿈이 있으면 더 즐겁게 현재를 살 수 있다. 반면, 꿈이 없는 사람은 현재에 매달리게 된다. 현재에 끌려다니는 삶은 늘 불안하다. 물론 더 멋진 삶은 현재의 삶에도 꿈이 있는 삶이다. 늘 새로운 꿈을 꿀 수 있어야 한다. 우리의 삶은 절대로 현재의 모습에 제한되어서는 안 되고 끝없이 펼쳐져야 하기 때문이다. 도전적인 삶은 책에서 시작된다.

성장

책을 통해 여러 성장이 일어난다. 앞서 말했듯이 성인이 되면 육체적인 성장은 끝나지만 의식 성장은 죽을 때까지 일어난다. 의식이 살아있는 한 성장할 수 있는 것이 바로 우리 인간이다.

우선 지적 성장이 일어난다. 여기에 더 설명이 필요할까? 학교에서 주입되는 공부가 아니라 진정한 공부를 할 수 있다. 죽을 때까지 우리는 책으로부터 지적 갈증을 채울 수 있다. 세상에는 너무도 많은 지식이 흘러넘쳐 내가 얼마나 모르는지 모른다. 그렇지만 대부분 사람들은 그런 지식과 무관하게 살아간다. 그냥 자신이 가진 것만을 가지고도 큰 불편 없이 살아간다. 그러는 가운데 자기만의 틀 속에 갇혀 가는 것이다.

두 번째는 인격적인 성장을 들 수 있다. 사람들은 태어나면서부터 관계 속에 놓인다. 부모형제와의 관계에서부터 친구, 동료들과의 관계 그리고 상하관계 등 수많은 관계 속에서 수많은 교류와 갈등이 일어난다. 이런 관계 속에서 우리는 바람직한 관계가 맺어지길 원하며 갈등관계에 놓이는 걸 원치 않는다. 그렇지만 우리 뜻대로 되지 않는다. 이런 관계에서 발생되는 어려움에 대한 답은 책을 통해서 찾을 수 있다. 사람에 대한 이해가 깊어지게 되는 것이다. 상대에게서 해결책을 찾기보다는 내 스스로에게서부터 답을 찾는 지혜를 발견할 수 있다.

세 번째는 의식 성장이다. 책을 읽다 보면 남에게서 비춰지는 삶이 아니라 자신의 삶을 들여다보게 된다. 남을 의식하는 삶이 아니라 나 스스로의 삶을 찾게 되는 것이다. 그럼으로써 현재의 자신이 튼튼해지고 자신감이 생기게 된다. 잃어버렸던 자존감을 회복하게 되고 현재의 삶에 자신감이 붙기 시작한다. 자신이 좋아지게 되는 것이다. 이렇게 되면서 자신이 하는 일에 대한 가치를 찾게 된다. 또한 자신이 하는 일에 대한 의미도 부여하게 된다. 그래서 현재가 더욱 즐거워질 수 있는 것이다. 이로써 누구에 의해 좌우되는 삶이 아닌 굳건한 나만의 삶이 탄생하게 되는 것이다. 책으로 진정한 성장이 이루어지는 것이다.

성장의 마지막은 나눔이다. 자신이 가득 차게 되어 넘치게 되면 나의 관심이 주위를 향한다. 나눔을 통해서 성장이 빨라지기도 하지만, 성장하게 되면 더 많은 나눔을 실천하게 되고 나눔을 통해서 자신은 더 많고 빠른 성장이 이루어지는 상호작용이 일어난다. 나눔이야말로 개인 성장의 최고봉이다. 책을 통해서 우선 진정한 소통이 이루어지고 개인으로서 끊임없는 도전적인 삶을 추구할 수 있으며 이를 통해 외면적인 성장과 더불어 진정한 성장이라 할 수 있는 내면 성장, 즉 의식 성장이 이루어지는 것이다.

북새통경영의 구조

북새통의 구조는 단순하다. 모든 직원은 한 달에 한 권씩 책을 읽고 정한 날에 함께 책을 읽은 소감을 나누는 것이 전부이다. 책은 자신의 돈을 들여서 사보는 것이 가장 좋지만 처음부터 그것도 회사가 추진하고 있는 정책에 직원들의 돈을 투자하게 할 수는 없는 일이다. 그렇지만 직원 수가 많아지면 매월 한 권씩의 책을 공급하는 예산도 만만찮기 때문에 돌려보는 방법으로 진행한다.

전체 직원이 2,000명이라면 최소조직 단위인 15권 단위로 2,000권의 책을 구입한다. 처음에는 회사에서 양서 50여 권을 지정하여 해당 사업부(500~1,000명 조직)별로 센터(100~300명 조직)별로 선정하여 구입한 후 최소.단위(10~20명 조직)의 조직 간 돌려보도록 한다.

책은 우선 자기계발서 중 검증된 책과 인격 형성에 도움이 되는 책, 그리고 각종 베스트셀러 중에서 읽기 쉽고 분량이 많지 않은 책들 중에서 구입하여 배포하고 점차 횟수를 거듭하면서 시, 역사, 소설,

인문학 서적 등 현장의 의견을 수렴하여 그 범위를 넓혀가도록 한다.

경영북새통

경영북새통은 CEO 주관으로 사업부장, 센터장 등 조직장과 함께 하는 북새통이다. 조직장이 북새통의 중요성에 공감하지 않고서는 북새통프로그램이 확산될 수 없다. 조직장의 일차적인 관심은 항상 사업실적이므로 성과에 직접적인 도움이 되지 않는 '책을 읽고 소감을 나누는 시간'을 적극적으로 부여하는 것이 어려울 수밖에 없다.

그래서 경영북새통은 반드시 필요하다. 위에서부터 독서를 솔선수범한다는 차원에서도 반드시 경영진부터 북새통활동을 진정성 있게 실천하는 것이 중요하다. 경영북새통과 같은 상위리더급 북새통활동의 책은 직원들과 나누는 책과는 차별화할 필요가 있다. 경영서나 리더십과 관련되는 책의 비중을 늘리고, CEO의 경영철학을 지지해주는 책을 선정할 필요가 있다.

루키북새통

루키북새통은 신입직원들에 대한 북새통프로그램으로 입사한 후 1년이 되지 않은 직원들을 대상으로 하는 북새통이다. 입사 후 총 4번에 걸쳐 진행된다. 3개월째는 해당 센터장과 진행하고 6개월째는 대표이사와 9개월째는 다시 해당 센터장과 12개월째는 해당 사업부장과 북새통을 진행한다. 루키북새통은 구성원의 독서습관을 정착시키기 위해서도 반드시 필요하고 책을 읽는 조직 분위기를 조성하기 위해서도 반드시 필요하다.

루키북새통의 책은 미리 정해둔다. 주로 읽기 쉽고 긍정적인 마인드 함양과 독서습관을 기르는 데 도움이 되는 책들로 구성되어 있다. 필자가 루키북새통에 적용한 책들은 입사 시에는 『에너지버스』(존 고든), 3개월 후에는 『99도씨』(호아킴 데 포사다), 6개월 후에는 『독서천재가 된 홍대리』(이지성), 9개월 후에는 『뜨거운 관심』(하우석), 1년 후에는 『프레임』(최인철)이었다.

스태프북새통

회사에는 현장을 지원하는 스태프 조직이 있기 마련이다. 인사, 총무, 기획, 재무, 교육 등의 업무를 하는 직원들이다. 이런 부서에서 일하는 직원들의 일거수일투족은 현장 직원들에게 직접적인 영향을 끼치게 된다. 그리고 경영자의 생각을 실행으로 옮기는 직원들이기 때문에 스태프들의 마인드와 일하는 태도는 더욱 중요할 수밖에 없다.

따라서 이들에 대한 북새통은 별도로 진행될 뿐 아니라 CEO나 CEO를 대표하는 경영진이 별도로 진행할 필요가 있다. 스태프부서 직원들부터 변해야 현장 직원들의 변화를 더 쉽게 이끌어낼 수 있는 것이다.

현장초급리더북새통

현장리더북새통은 현장 센터장이 주관하여 진행한다. 조직에서 리더의 중요성은 아무리 강조해도 지나치지 않다. 하지만 현장 리더들은 늘 바쁜 업무로 정신이 없다. 어쩌면 현장 직원들보다 책 읽는 시간을 내기가 더 만만치 않은 구성원들이다. 그렇지만 리더가 변하지 않고 조직의 변화를 기대할 수는 없다. 조직은 리더가 변하는 수준만큼 변화를 기대할 수 있다. 처음부터 리더에게 진정성 있는 북새통을 기대할 수 없을지라도 꾸준히 진행하다 보면 몇몇 리더의 변화가 시작된다. 그것은 그 리더가 맡은 조직 변화의 시작을 의미한다. 조직장을 통한 현장리더북새통이 더욱 진정성 있게 진행되어야 할 이유가 거기에 있다.

직원북새통

북새통경영의 궁극적인 목적은 현장 직원들의 성장을 돕기 위한 것이기 때문에 직원북새통이야말로 끊임없이 진정성 있게 진행되어야 한다. 궁극적으로는 직원 스스로 필요에 의해 자발적으로 책을 읽게 되는 수준까지 가야 한다.

직원북새통은 현장초급리더들이 주관해야 하므로 리더의 역량에 따라 북새통 진행 수준의 차이가 많이 날 수밖에 없다. 어떤 곳은 형식적으로 진행되기도 하고 어떤 곳은 보다 진정성 있게 진행되기도 한다. 이처럼 현장초급리더별로 다른 수준을 비슷하게 끌어올리기 위해서라도 앞서 언급한 현장초급리더 북새통이 체계적으로 진행되어야 한다.

현장초급리더들은 자신이 직접 직원북새통을 주도하면서 더 많이 책을 읽게 될 뿐만 아니라 스스로 성장함을 체험하게 된다. 리더의 성장은 직원들의 성장을 가속화할 수 있다. 리더가 먼저 성장하면 좋겠지만 그렇지 않은 경우도 실망할 필요는 없다. 앞서거니 뒤서거니 하면서 함께 성장하는 기쁨을 직원북새통을 통해서 가질 수 있다.

선임직원북새통

15명 내외로 구성되는 최소 단위 조직에는 반드시 선임 역할을 하는 직원들이 있다. 이들은 팀장(리더)의 부재 시에 조직관리를 도와주고 직원들의 업무 멘토 역할을 하며 조직 내 어려운 일이 있을 때 맏형/맏언니 역할을 하는 직원들이다. 선임직원들은 관리자와 구성원 간의 중간 역할을 하는 직원으로서 조직 운영에 중요한 존재이다.

기본적으로 선임들을 위한 북새통은 진행하지 않지만 어느 정도 북새통활동이 활성화된 조직에서는 선임들만의 북새통활동을 고려할 필요가 있다. 선임들 대상 북새통은 중간관리자인 센터장이 맡아 진행하고 대부분 어느 정도 나이가 있는 직원들이므로 work & life 밸런스에 도움이 되는 서적을 선정하여 운영하면 도움이 된다.

북새통경영의 장애

수많은 리더들이 독서경영을 표방하지만 성공하기란 쉽지 않다. 이유는 분명하다. 책을 읽는 일이 쉬운 일이 아니기 때문이다. 평소 독서를 하지 않던 사람에게 책을 읽게 하는 것은 엄청난 부담이다. 책이 좋은 것은 알지만 책을 보지 않더라도 사회생활을 하는 데 큰 지장이 없을 뿐 아니라 책을 읽지 않고도 지식을 습득하는 방법은 많기 때문에 굳이 책을 읽을 필요가 없다고 생각하는 사람들이 많기 때문이다.

어릴 적부터 책을 읽어온 사람들에게는 자신의 일상 속에 한 권 더 읽게 하는 정도의 부담에 해당되지만 아예 책과는 담을 쌓고 살아온 사람에게 독서는 그야말로 힘든 일 중에 하나다. 왜 이렇게 책을 읽는 일이 어려울까? 책을 읽는 일은 앞서 말했듯이 습관을 바꾸어야 하는 일이기 때문이다.

습관은 한번 자리 잡게 되면 쉽게 바뀌지 않는다. 특히 나쁜 습관에 해당하는 흡연, 도박, 음주 등을 생각해 보라. 그래서 매년 이런 습관을 바꾸는 일을 새해 계획에 두고 시작하지만 연말이면 원위치되어 있는 자신의 모습을 발견하고 실망하게 된다. 나쁜 습관은 쉽게 이루어지지만 그 습관을 버리기가 쉽지 않고, 좋은 습관은 어렵게 만들어지지만 유지하기도 만만치 않다. 운동과 독서도 습관이 되어야 하기 때문에 정착하기 어려운 것이다.

구성원의 대부분이 책을 읽지 않는 상태에서 북새통활동이 이루어지고 이런 일이 매달 반복되다 보면 북새통은 구성원들에게 또 다른 힘든 행사로 전락한다. 오히려 직원들에게 스트레스 요인을 만들어 주게 될 뿐 별 의미 없는 이벤트로 전락하게 될 것이다. 구성원들의 독서습관을 정착시키기 위해서 스스로 실천하도록 권장할 수 있으나 애초에 책을 읽지 않던 직원들로 하여금 책을 읽게 하는 것은 어려운 일이다.

처음부터 모든 구성원들이 책을 읽고 올 것이라 기대하지 말고 또 금세 독서습관이 정착될 것이라 기대하지 말아야 한다. 대신에 구성원들이 책을 잘 읽지 않는 것이 당연하다고 생각하고 북새통을 시작해야 한다. 처음 한두 번은 오히려 신선한 제도란 생각에 책을 읽고 오는 구성원이 많을 수 있으므로 이런 기회를 잘 이용해서 독서가 습관화되도록 해야 한다.

그래서 처음 시작하는 북새통의 책이 중요하다. 책을 읽음으로써 책을 더 읽고 싶어 하게 하는 책 또는 가능하면 얇고 글씨가 큰 책, 또한 책을 덮는 순간까지 뒷부분의 내용이 궁금한 책, 책을 읽고 나면 감동이 전해지고 심지어 눈물샘을 자극하는 책들이 좋다. 누구나 그 책을 읽고 한마디씩 할 수 있고, 그 책을 읽고 난 뒤 새로운 책을 읽고 싶어 하는 결심을 끌어낼 수 있는 책이 좋다.

앞에 언급한 종류의 책을 선정하면 구성원의 절반 정도는 책을 읽는다. 평소 책을 읽지 않던 사람도 회사에서 지정한 책이라는 의무감에 의해서 책을 읽기도 한다. 책을 읽은 사람이 반 이상이 되면 자연스럽게 소감을 나누는 분위기를 조성할 수 있고 책을 다 읽지 못한 사람들이 오히려 미안하게 느끼는 분위기를 만들 수 있다. 책을 읽지 않는 사람이 사전에 인터넷 등을 통해 요약된 내용을 가지고 북새통의 구성원으로서 참여하기에는 한계가 있기 때문에 다음엔 꼭 읽어야겠다는 결심을 하게 할 수 있다. 그리고 책을 읽은 사람들이 말하는 내용에서 간접적으로나마 책의 중요성을 다시 깨닫게 된다. 독서 후 느낀 점을 나누는 동안 구성원 서로가 서로에게 독서의 효과에 대해서 공감하게 하는 역할을 하게 된다.

그럼에도 불구하고 여전히 독서를 하지 않던 사람이 독서를 하는 것은 쉽지 않다. 하루만 지나면 다시 이전의 책을 읽지 않던 자신의 모습으로 돌아가 버릴 것이기 때문이다. 여기에서 제일 중요한 것은 북새통을 진행하는 리더의 진정성이다. 리더 스스로 북새통을 통해서 변화된 자신을 느끼면서 북새통의 필요성을 공감해야 한다. 북새통을 진행하는 리더가 형식적으로 진행하면서 구성원들이 북새통을 통해 변화하기를 기대하는 것은 어려운 일이다. 당연히 리더가 먼저 독서 습관을 가져야 하며 적어도 정해진 책에 대해서는 제대로 읽고 자신의 경험이 진정성 있게 공유되어야 한다. 이렇게 한 후에 구성원들이 변화하기를 기대하는 것이 순서다.

구성원들도 단번에 변화할 것을 기대하지 말자. 몇 번 진행하다 보면 구성원 중 몇 명이 변하기 시작한다. 그렇게 되면서 북새통의 분위기는 더욱 진지해지고 남은 구성원들도 그 변화에 동조하기 시작한다. 지켜보던 구성원들도 책을 제대로 읽어 봐야 하겠다고 결심하게 되는 것이다. 이렇게 한 명씩 한 명씩 책을 읽는 분위기로 변하는 것이다.

회가 거듭되면서 처음 시작할 때의 신선감은 떨어질 수 있으므로 리더는 책을 읽게 하는 다양한 이벤트를 기획할 필요가 있다. 책을 통해 변화를 경험한 조직의 사례를 확보하여 자신이 소속한 부서에 적용해 가면서 구성원들의 자발적인 독서습관을 이끌어 내어야 한다.

그럼에도 불구하고 몇 번의 결심으로 스스로 독서를 즐기는 단계까지 정착시키기란 쉽지 않다. 우선은 월 1회 하는 북새통에서라도 책을 읽게 하는 목표를 가지고 꾸준히 실행해 보자. 그렇게 하면서 독서습관을 정착하게 되는 단계까지 유도하여야 한다.

어느 회사나 바쁘게 돌아간다. 한 달에 한 시간을 별도로 확보하여 북새통을 하는 시간조차도 빼내기 쉽지 않다. 선진기업들은 개인의 창의성을 높이기 위해 근무시간의 10~20%는 무엇을 하더라도 상관치 않는 제도를 적용하여 큰 효과를 보기도 한다.

하지만 콜센터 업무는 대부분 24시간 시간제로 운영되기 때문에 일시에 특정 직원들을 빼내어 별도의 시간을 갖기가 쉽지 않다. 원활한 고객서비스가 중단되지 않도록 하기 위해서이기도 하지만 기업 입장에서는 그 시간만큼 비용을 감수해야 하는 일이다. 콜센터는 직원이 투입하는 시간과 산출되는 성과가 거의 비례하는 업무이기 때문에 더욱 업무시간 내에 별도의 시간을 확보하기가 어려운 것이다.

여기에는 북새통에 투입하는 월 1시간을 비용으로 볼 것인가 아니면 투자로 볼 것인가 하는 경영철학 차원의 의사결정이 필요하다. 보다 근본적으로 보면 직원들을 사람으로 볼 것인가 아니면 생산단위로 볼 것인가의 문제이기도 하다. 필자는 아무리 바쁘고 힘들더라도 북새통을 하는 시간은 반드시 확보될 필요가 있다고 본다. 구성원을 사람으로 대우하고 사람으로 인정하면 조직의 위기 때 함께할 것이란 확신이 있고 실제 조직성과에도 더 좋은 영향을 가져올 것이라고 확신하기 때문이다.

따라서 어떤 경우라도 시간을 만들어야 한다. 북새통 시간을 확보해 놓고 상담 스케줄링이 이루어져야 한다. 그렇게 미리 정해 두더라도 확보된 시간에 콜이 밀리면 이행하지 못하는 경우가 발생할 수 있다. 그 경우 새로운 날을 정하거나 새로운 날을 정하기도 힘들 경우에는 점심시간을 활용해서 진행하거나 그것도 안 될 경우에는 서면으로 진행하는 한이 있더라도 반드시 진행하는 것이 중요하다. 한 번 두 번 빼먹기 시작하면 곧 시들해지고 의미 없는 제도로 전락하기 때문이다.

조직이 아무리 바쁘고 힘든 상황에 있더라도 기본원칙은 반드시 북새통 시간을 확보하는 것이다. 이렇게 진정성 있게 진행하다 보면 어느 순간부터 구성원들이 자신의 시간을 양보할 수도 있다. 북새통은 조직에 도움이 되는 활동 이전에 스스로에게 도움이 되는 활동이기 때문이다. 북새통을 위해서 자신의 시간을 양보하는 정도까지 가면 그 부서의 북새통은 성공적으로 정착하고 있다고 봐도 된다.

처음 북새통을 시작하면 숙제가 되기 쉽다. 북새통을 진행하는 사람도 북새통에 참여하는 사람도 부담스러운 일이기 때문이다. 회사에서 하는 일이고 나쁜 일이 아니기 때문에 하기는 하지만 처음부터 자발적으로 의욕을 가지고 참여케 하기는 어렵다. 늘 일상이 바쁘게 돌아가기 때문에 책을 읽을 시간을 따로 내는 것이 어려울 뿐 아니라, 평소 책을 읽지 않던 직원은 책을 잡아도 금세 잠이 들거나 잡념에 사로잡히기 마련이다.

차일피일하다 보면 한 달이란 시간이 왜 그렇게 빨리 다가오는지 금세 한 달이 지나가고 북새통 시간이 다가온다. 처음엔 미리 책을 읽어볼 요량이었더라도 미루다가 일정이 임박하게 되면 독서를 하려고 생각했던 날에 다른 특별한 일이 생기기도 한다. 그래서 결국 책을 읽지 못한 채 인터넷 검색을 통해 줄거리만 간단히 준비해서 참석하게 되곤 한다.

이렇게 한두 달 가다 보면 북새통은 또 하나의 숙제처럼 여겨지게 된다. 하지 않을 수는 없고 제대로 준비는 못한 채 매월 숙제하듯이 열정 없이 진행되는 것이다. 북새통이 숙제가 되어서는 안 된다. 그냥 외부에 "우리 기업은 직원들과 매월 한 권의 책을 읽는 기업"이라는 홍보 목적으로 사용하기에는 도움이 될지 모르지만 직원 성장이라는 원래의 북새통 목적을 달성할 수는 없다.

북새통이 숙제가 되지 않기 위해서는 위에서 말한 대로 철저한 계획이 필요하고 특히 리더에 해당하는 사람은 반드시 책을 읽어야 한다. 그리고 리더들은 구성원들이 책을 읽도록 수시로 격려하고 문자 등을 통해 관심을 갖게 하고 한 달 내내 시간을 내어 책을 읽게 하도록 노력을 해야 한다. 리더가 책을 읽지 않고 진행하는 것은 하지 않은 것만 못하다. 다시 강조하지만 리더 스스로 북새통 프로그램의 효과에 대해서 확신해야 할 뿐 아니라 스스로 변화를 체험하는 주인공이 되어야 한다. 그래야 구성원들에게도 그 진정성이 자연스럽게 스며들게 된다.

북새통 활성화

주간레터

주간레터는 CEO가 매주 전체 직원 또는 리더 이상을 대상으로 메시지를 전달하는 주요 수단으로 활용한다. CEO는 매주 일어나는 회사 주요 업무나 정기적으로 읽는 책을 통해서 얻은 지혜를 주간레터를 통해서 직원들과 나눈다. 주간레터를 통해 일주일의 시작을 알리고 직원들은 주간레터를 통해 회사 최고책임자의 생각을 공유하면서 일주일을 시작하게 할 수 있다.

주간레터의 주제는 건강의 중요성에 대한 것에서부터 독서를 통해 얻은 인문, 심리, 역사, 경제 등 다양한 장르로부터 나오는 지혜들을 일주일 동안 근무하면서 생각해 두었다가 일요일 오후에 개인 일상을 소개하면서 작성하여 발송한다. 주간레터를 통해 조직장과의 만남도 기획할 수 있다. 한 달에 한 번쯤은 CEO가 아닌 자신의 조직장이 쓴

주간레터를 통해서 조직장의 생각을 구성원들이 알게 하고 조직장으로서도 전체 회사 구성원들과의 커뮤니케이션을 경험함으로써 북새통의 필요성을 더 강화시킬 수 있다.

궁극적으로 주간레터는 조직 내 북새통경영의 일환으로 진행된다. 주간레터를 통해 책에서 얻은 지식과 지혜를 공유할 수 있고, 이 활동은 북새통을 솔선수범하는 경영진의 자세를 알리는 차원에서도 도움이 된다.

월간시상

매월 시상을 통해 북새통 진행의 스타를 발굴한다. 우선은 현장 리더의 시상이 제일 중요하다. 사내망에 정해진 기간 동안 활동한 현장 리더들의 북새통 진행 결과를 등록하게 하고 그중 꾸준하게 진행하면서 직원의 참여도가 높고 또한 새로운 조직문화를 만들어 내거나 구성원들의 성장이 드러난 조직의 시상을 통해 그 리더와 구성원들을 격려하고 나머지 조직의 보다 적극적인 참여를 유도하게 한다.

그리고 매월 책을 읽은 소감을 적게 하는 공간을 두고 그 소감 중에서 몇몇 직원들을 선발하여 시상함으로써 구성원들의 참여를 격려한다. 소감문에 대한 시상은 다소 숫자를 많이 함으로써 자신 주변의 직원이 책을 읽고 소감만을 적어서도 시상될 수 있음을 알리고 더 많은 참여를 유도하는 것이 좋다.

지금까지 월간시상을 받은 현장 리더의 북새통활동 사례를 몇 가지 살펴보면, 같은 책을 읽고 자작시를 써서 부서 게시판에 걸어두는 경우를 비롯해서, 구성원 모두 책을 읽고 자신의 꿈을 발표하고 정리한 것을 함께 공유하거나 또는 북새통을 진행하고 난 뒤 그 자리에서 자녀 중 군대에 가 있는 자녀를 위해 편지를 쓰면서 서로의 삶을 나누는 일들 그리고 북새통을 통해 받은 시상금을 가지고 주변 복지관에 방문해서 나눔 활동을 하는 사례 등을 들 수 있겠다.

간부부터 참여해야 한다

북새통 프로그램 진행에 있어 어떤 구성원들도 예외가 있어서는 안 된다. 그리고 직위가 높은 사람일수록 더 많은 책을 읽어야 프로그램 진행에 도움이 되는데, 이것은 프로그램상으로 자연스럽게 그렇게 될 수 있어야 한다. 현장 초급리더는 월 2~3권, 현장 센터장과 팀장은 3~4권, 조직장은 4~5권 CEO는 10권 내외의 책을 읽어야 한다. 그래야 구성원들에게 독서의 필요성을 이야기하고 책을 통해 얻은 지혜를 가지고 대화를 유도할 수 있게 된다.

"책을 두 권 읽는 사람이 한 권 읽는 사람을 지배한다."라는 링컨의 말을 빌지 않더라도 독서경영은 의식 성장 경영을 의미하므로 직급이 높은 사람이 직급이 낮은 직원보다 더 많은 책을 읽고 더 성장하겠다고 하는 것은 자연스러운 일이다. 구성원들보다 더 적게 읽는다는 것은 구성원들보다 덜 성장하겠다는 것인데, 그렇게 해서는 구성원들의 진정성을 끌어낼 수 없기 때문이다. 직위가 높아질수록 더 많은 책을 읽어야 북새통경영이 정착되기 쉽다.

리더 북 추천 릴레이

앞서 언급했듯이 북새통에서 제일 중요한 역할을 담당해야 하는 직원은 현장초급리더들이다. 현장리더들이 직접 구성원들과 같이 북새통을 진행하기 때문이다. 그래서 현장리더들이 실제로 책을 제대로 읽고 책을 통해서 스스로 변화하는 것이 중요하다. 그렇게 될 때 그리더가 진행하는 북새통은 진정성 있게 진행되기 때문이다.

이처럼 리더들의 독서를 더 권장하기 위해 '리더 북 추천 릴레이'를 진행하면 도움이 된다. 매주 돌아가면서 리더들이 자신들이 읽은 책 중에서 직원들에게 도움이 될 만한 책을 추천하게 하는 것이다.

리더가 책을 추천하면 그 내용을 사내망과 사내레터에 게시함으로써 직원들에게는 좋은 책을 추천하게 될 뿐 아니라, 리더 스스로는 좋은 책을 선정해야 하는 부담은 있지만 전사적인 북새통활동에 참여하는 기회가 되므로 북새통경영을 보다 진지하게 진행하는 데 도움이 될 수 있는 것이다.

독서대 상장

콜센터에는 수많은 상장 발행이 일어나는 곳이다. 기본적인 업무 성과에서부터 크고 작은 이벤트에서 직원들을 격려하기 위한 시상이 수시로 일어나는 곳이 콜센터이다. 이때마다 책을 읽는 분위기 조성을 위해 종이 상장을 줄이고 독서대에 상장을 기록하여 지급하는 것이다. 사실 종이 상장은 받아도 보관하기 어렵고 게다가 상장을 품위 있게 만들기 위해 상장 케이스까지 지급하는 경우는 쓸데없는 낭비란 생각이 든다. 보다 실속적일 뿐 아니라 의미도 있는 독서대 상장이 직원들의 자부심을 고양하고 실질적으로 독서와 가깝게 해주기 때문에 좋은 상품이 될 수 있다.

독서대뿐 아니라 회사의 모든 시상을 책과 연관되는 것으로 바꿀 필요가 있다. 기본적으로 좋은 도서를 상품으로 하는 것이 가장 좋다. 그리고 책을 살 수 있는 도서상품권이나 책을 읽고 함께 모여서 대화할 수 있도록 음료이용권 제공도 좋다. 그리고 책꽂이, 책갈피, 책 고정대 등 무엇이든 독서를 활성화하는 것과 연계한 시상을 하면 독서를 토대로 하는 북새통경영에 도움이 된다.

독서 댓글 달기

전사적으로 진행되는 북새통활동을 통해 직원들이 읽은 책의 소감을 등록하도록 게시판을 운영한다. 여기에 달리는 댓글 수를 통해 직원들의 독서에 대한 관심 정도를 수시로 파악할 수 있다. 매월 달린 댓글 중 내용이 좋고 의미 있는 댓글을 단 직원들을 선정하여 조그마한 시상을 함으로써 독서에 대한 직원들의 관심을 불러일으킬 수 있다.

가끔 댓글의 내용에 대한 시상이나 댓글을 단 구성원의 비중이 높은 부서를 시상함으로써 조직단위 차원의 북새통활동을 격려할 수도 있다.

상향북새통(직원간담회)

북새통경영은 CEO 주관, 조직장 주관, 센터/팀장 주관, 현장초급 리더(파트장) 주관처럼 위에서 아래로 진행된다. 당연히 상위 직급에서 부터의 변화가 중요하다. 여러 번 언급했듯이 북새통을 진행하는 사람이 책을 통한 성장을 체험하지 못한 채 하는 북새통활동이 제대로될 리 만무하기 때문이다.

위로부터 진행되는 북새통을 하향북새통으로 본다면 아래로부터 진행되는 북새통을 상향북새통으로 부를 수 있겠다. 하향북새통으로 자연스럽게 물 흐르듯이 북새통활동이 정착되면 가장 좋겠으나 그렇게 해서는 조직의 변화가 더딜 수밖에 없다. 위아래로 동시에 변화가 진행된다면 좀 더 조기에 원하는 결과를 얻을 수 있을 것이다.

상향북새통은 CEO나 조직장이 중간리더를 거치지 않고 직접 직원들과 진행하는 북새통이다. 중간리더를 통해서 점진적으로 진행되는 것이 자연스럽기는 하지만 더딜 수밖에 없다. 중간리더들 입장에서도 자신의 CEO나 조직장이 구성원들을 대상으로 직접 북새통을 진행해주면 더 힘이 나고 다시 한번 북새통 프로그램에 대한 자신감을 가지는 시간이 되기도 한다.

구성원들 입장에서도 평소 만나기 힘든 CEO나 조직장을 직접 만나 현장의 어려움을 전하는 소통 기회도 되고 북새통경영에 대한 취지나 의미를 직접 전해 들을 수 있고 북새통에 대한 자신들의 상사의 확고한 의지를 확인할 수 있게 해주기 때문에 의미가 있다. 그렇지 않아도 업무에 바쁜 CEO나 조직장이 모든 구성원들을 만나서 북새통 취지를 알리고 공감하는 모임을 갖기란 쉽지는 않다. 그래서 정기적으로 현업 직원들과 소통하는 북새통 프로그램을 만들어 친행할 필요가 있다.

　입사한 지 6개월 또는 1년이 되는 직원들을 대상으로 CEO와 정기적인 만남을 기획한다든가 당월 우수자를 선발하여 CEO와의 간담회를 하고 그 과정에서 CEO나 조직장들은 북새통의 취지와 중요성에 대해서 설명하고 적극적인 동참을 주문하면 된다. 이때 CEO는 참여한 현장 직원들에게 직접 서명한 도서를 나눠주고 개인전화번호를 제공한 뒤 반드시 책을 읽고 간단한 소감을 남기도록 주문한다. 이렇게 하면 직원들의 독서습관의 정착을 도와줄 수 있고, 직원들과의 직접 소통을 일상화할 수 있게 된다.

　양손이 마주쳐야 손뼉 소리가 나는 것처럼 상하 직원들이 같은 생각을 할 때 북새통도 더 활성화될 수 있다. 그래서 CEO나 조직장들이 현장 직원들과 직접 정기 간담회를 갖고 책을 나누고 북새통경영의 취지를 공감하는 시간은 보다 진정성 있는 북새통활동을 가속화할 수 있게 해준다.

꿈노트

　북새통을 정기적으로 진행하기 위한 매개체가 꿈노트이다. 꿈노트는 기본적으로 북새통을 진행하면서 북새통을 진행한 날짜와 시간 모인 인원, 도서명 등을 기록하고 그날 참석한 직원들의 목소리를 요약하여 담는 목적으로 활용된다. 모든 북새통 진행자들은 이 꿈노트를 활용하여 북새통을 진행하면서 이전에 진행했던 내용도 상기하면서 구성원들과 북새통을 진행하는 것이다.

꿈노트의 뒷면은 구성원의 꿈을 기록하도록 되어 있다. 여러 번의 북새통을 통해서 서로의 마음이 열리고 소통이 되면 서로의 꿈을 공유하게 된다. 꿈이 없는 사람에게는 꿈을 갖도록 권하고 그렇게 정해진 꿈을 기록해 두는 것이다. 그리고 리더는 북새통을 진행할 때마다 구성원들의 꿈을 살펴보고 그 꿈을 지원하는 지원자가 된다.

이처럼 꿈노트는 북새통활동을 위한 기본도구에 해당하므로 새로운 리더 임명 시에는 반드시 꿈노트를 지급하고 꿈노트를 통해서 북새통을 성실히 진행하겠다고 선언하는 절차를 가질 필요가 있다. 그렇게 함으로써 신임리더가 북새통의 중요성도 깨닫고 북새통을 반드시 진행해야겠다는 결심을 확인하게 해 준다.

북새통교육

콜센터는 높은 이직률로 인해 수시로 새로운 직원들이 들어올 뿐 아니라 직원들을 관리하는 리더들도 수시로 임명되는 편이다. 대부분 여성 직원들로 구성되어 있어 출산으로 인한 공백도 상시로 일어나는 조직이다. 새로운 직원들에 대해서는 앞서 언급한 루키북새통으로 북새통의 운영취지와 방법을 알려주고 실제 입사교육과정에도 북새통에 대한 과정을 편성하여 북새통경영의 의의와 절차에 대해서 공감할 수 있게 하여야 한다.

그리고 더 중요한 것은 새롭게 임명되는 리더 대상 교육이다. 대부분 리더들은 현장에서 직접 고객 응대를 하는 직원 중에서 발탁되므로 이들에 대해서도 리더 교육 시에 북새통경영의 철학과 의미에 대한 내용이 반영되도록 해야 한다.

뉴스레터

뉴스레터는 직원들과의 소통을 위한 일종의 소식지다. 회사에서 진행하는 그리고 각 부서에서 일어나는 일들을 공유하는 소식지로 월 2회 정도 발간된다. 이곳에 북새통과 관련한 고정란을 두고 북새통 프로그램에서 일어나는 각종 소식을 전하고 참여를 독려한다. 각종 북새통 계획에서부터 북새통 시상 소식, 북새통 진행이야기, 추천도서 등에 대한 정보들을 싣는다.

나눔과의 연계

북새통의 목적은 소통과 도전을 통한 성장이다. 그리고 성장의 열매는 나눔으로 향하게 되어 있다. 물론 나눔을 통해 성장을 촉진하기도 한다. 책을 통해서 성장하다 보면 점점 충실해지는 자신을 발견하게 되고 이어 주위를 둘러보는 여유가 생기게 된다. 그래서 북새통은 나눔과 연계되어 운영하면 좋다. 북새통의 일환으로 나눔활동을 하는 것도 좋고 나눔활동의 수단으로 책을 활용할 수도 있겠다. 북새통활동을 회사 CSRCorporate Social Responsibility활동과 연계하는 것은 북새통활동의 진정성을 강화하는 데 도움이 된다.

추천도서 목록

세상에는 수많은 책이 있고 지금도 수많은 책들이 발간되고 있다. 이 많은 책 중에서 어떤 책부터 북새통의 도서로 사용할 것인가를 결정하는 것은 중요한 과제이다. 여러 가지 도서를 이용해 보면 구성원들의 수준에 따라 반응이 좋은 책이 있는가 하면 의외로 공감을 얻지 못하는 책들도 있다. 독서에 대한 구성원들의 수준이 차이가 나기 때문에 일률적으로 책을 정하기란 쉽지 않다.

베스트셀러로 지정된 책들에 대해서도 직원들의 반응은 천차만별이다. 그리고 어떤 책을 선정해서 진행하느냐에 따라 만족도와 효과 또한 천양지차이므로 책 선정이 중요하다. 처음부터 다소의 시행착오를 피하기는 어렵지만 어느 정도 진행되고 난 뒤에는 전사적으로 반응이 좋았던 책의 목록을 추천하게 하고 그 목록을 정리하여 많이 추천된 순으로 다시 정리하여 50권에서 100권 정도를 선정하여 추천도서로 배포한다. 그렇게 하면 현업에서 책을 선정하기가 훨씬 용이해지고 도서 선정으로 실패하는 위험을 줄일 수 있다.

앞서 언급한 바와 같이 조직장과 상위관리자를 중심으로 이루어지는 북새통에 사용하는 책과 현업 구성원들과 함께하는 책의 종류는 달리할 필요가 있다. 현업 구성원들을 위한 책은 가능하면 분량이 적고 이해가 쉬우며 감동을 주는 책들이 좋다. 반면 상위관리자와 진행하는 북새통 도서는 리더십에 관한 책이나 다소 주제가 무거운 책들도 도움이 된다.

전문가제도

북새통을 통해 구현하고자 하는 것 중 하나가 모든 직원들이 자신의 일에 의미와 가치를 느끼고 몰입하게 하는 것이다. 근본적으로는 본인의 의식 성장이 이루어지면 자연히 일에 대한 태도도 달라지겠지만 현실적으로는 가시적인 목표가 있으면 그 성장으로 가는 과정이 더 쉬울 수가 있다. 그렇게 해서 도입한 제도가 전체 구성원 전문가제도이다.

모든 구성원들은 조직에서 인정받고 싶어 하지만 현실적으로는 상대적으로 성과가 높은 순위에 있는 사람만 인정받게 되어 있다. 그렇게 해서는 모든 구성원들이 즐거울 수 없다. 이를 제도적으로 극복하려는 시도가 전문가제도이다.

회사의 모든 구성원이 한 분야 이상 전문가가 되도록 도와준다. 이를 위해서 회사에서는 다양한 분야에서 직원들이 전문가가 되는 길을 제시한다. 그리고 모든 구성원들이 전문가가 되기 위해 스스로 노력하도록 도와준다. 회사가 모든 구성원을 전문가로 만들어 주기 위해 완벽한 교육시스템을 갖출 수는 없다. 그래서 구성원들의 자발적인 재능 기부가 절대적으로 필요하다.

상담전문가, 품질전문가, 클레임처리전문가, 어학전문가, 고객만족전문가 등등 수많은 영역에서 전문가 기준을 설정하고 직원들이 도전할 수 있도록 지원한다. 각 조직별로 해당 분야의 전문자격증 소유자가 다시 퍼실리테이터가 되어 다른 직원들의 전문가 도전을 돕는다. 이렇게 해서 전사적으로 모든 직원들이 전문가가 되기 위한 자발적인 학습조직이 만들어지게 되고 회사는 이들의 도전을 지원하기 위한 공간과 필요한 도서 등을 제공한다.

모든 구성원들이 한 분야 이상의 전문가가 되고 회사에서 전문가로 인증받게 되면 적어도 그 직원이 다른 조직 또는 다른 회사에서는 최고로 대접받게 만들어 주겠다는 전제가 깔려있다. 물론 그 능력 있는 직원을 현재 몸담고 있는 조직에서 대우받고 일하게 하는 것은 현재 조직의 관리자 몫이다. 구성원들이 전문가가 되는 것을 진정으로 도와주고 지원하는 일이 바로 리더들의 중요한 임무 중 하나가 되어야 한다.

올해의 GWP조직 선정

북새통경영을 통해서 한 해 가장 일하기 좋은 센터를 선정하여 시상한다. 센터를 맡고 있는 조직장에게는 최고의 영예가 되는 상이다. 이 시상 대상자는 서류심사에 이어 현장심사까지 엄격한 심사를 거쳐 공정하게 선정하여야 한다. 그리고 선정된 조직에게는 큰 상과 동시에 자부심을 느낄 수 있도록 인정을 해주어야 한다.

이 시상은 북새통활동을 종합하는 시상이 된다. 북새통활동은 기본이고, 전문가에 도전하는 직원 숫자와 실제 전문가 비중은 어떤지, 소속 직원들이 꿈을 가지고 있는지, 직원들이 정기적인 나눔 활동을 하는지, 직원의 만족도ESI 수준은 어떤지를 보고 서류뿐 아니라 직원들과의 인터뷰까지 진행한 후 최종적으로 선정하여야 한다.

선정된 센터에 대해서는 시상뿐 아니라 다른 조직의 벤치마킹 투어

코스에 포함하여 다른 조직에게도 도전의지를 불러일으키고 시상받은 조직에게는 더욱더 일하기 좋은 조직을 만들기 위한 계기가 되도록 한다.

북새통으로 꿈꾼다

북새통을 통해 이런 조직을 꿈꾼다. 일차적으로는 구성원들이 정기적으로 책을 잘 읽게 하는 것이다. 처음에는 회사가 정해준 책만 읽지만 언젠가는 독서가 바로 자기성장에 도움이 된다는 것을 인식하고 회사와 무관하게 스스로 책을 읽기 시작하게 하는 것이다. 그리고 모든 구성원들이 회사에서의 꿈과 개인의 꿈 목록을 갖게 하는 것이다. 팍팍한 삶 가운데 나도 모르게 하루하루의 삶에 지쳐 잃어버렸던 꿈을 북새통활동을 통해 갖게 하는 것이다. 회사에서의 꿈뿐 아니라 자신의 삶에서도 꿈을 갖고 평생 도전적인 삶을 사는 직원들도 가득한 활기찬 조직의 모습을 꿈꾸는 것이다.

세 번째는 전문가로의 성장이다. 이것은 물론 꿈 영역에 포함될 수도 있지만 회사 내에서 국한되어 지향하는 목표이다. 현재 하고 있는 일에서부터 열정을 가져야 새로운 꿈도 생기는 법이다. 현재 열정이 없는 사람은 미래도 꿈꾸기 어렵기 때문이다. 회사에서는 다양한 전문가의 길을 열어주고 모든 구성원이 전문가가 되어 주인공으로서의 삶을 살게 하는 것이다. 소속된 회사에서는 2등이 되더라도 다른 회사에 가면 1등으로 만들어 주겠다는 생각이다.

네 번째는 지금 하고 있는 일에서의 의미 발견이다. 현재 하고 있는 일이 돈을 받기 위한 수단이 아니라 그 일을 통해 나름대로의 가치와 의미를 찾게 하는 것이다. 어떤 일에도 의미 없는 일은 없다. 현재 하는 일에 의미를 찾는다는 것은 자신의 의식 성장과 더불어 가능하다. 현재 하는 일에 의미가 있을 때만이 나의 현재가 더 열정적으로 변하고 더 즐거워질 수 있게 된다.

다섯 번째는 나눔을 실천하는 일이다. 앞서 말했듯이 성장의 끝은 나눔으로 나타난다. 내가 좋아지고 풍부해지면 나의 사랑이 넘치게 되어 옆 사람이 보이기 시작한다. 처음엔 어색한 나눔 활동으로 시작되지만 나눔을 실천하는 가운데 내가 얻는 것이 더 많다는 것을 깨닫게 되고 더불어 더 성장하고 있는 자신을 느끼게 된다. 북새통활동을 통해 정기적으로 나눔을 실천하는 직원의 모습이 더 많아지게 되는 것이다.

더불어 희망하는 것은 활기찬 삶이다. 이 모든 것은 건강이 전제되어야 하기 때문이다. 구성원 모두가 지속적으로 도전하고 지속적으로 성장하기 위해서는 건강한 삶이 필수다. 북새통을 통해서 구성원들이 육체적으로 정신적으로 더 건강해진 삶을 살게 하는 것이 궁극적인 목표가 아닐까 싶다.

모든 구성원이 90살, 100살이 되어서도 매일 운동하고 책을 읽으며 끊임없이 성장하는 삶! 그것이 북새통을 통해 이루고 싶은 꿈이다.

주인공경영의 맛보기

주인공경영 사례는 회사 경영의 중심을 사람에 두고 운영하는 프로그램들이다. 사람을 믿고 존중하는 시스템을 만들어 주면 구성원들은 자발적으로 최대한 역량을 발휘하여 조직에 도움이 되어 성과와 연결이 된다는 관점에서 출발한다. 하지만 이미 정해져 있는 회사구조 속에서 그러한 방법을 찾는 일은 쉽지 않지만 제한된 환경 속에서도 진정성을 가지고 접근하다 보면 사람 중심의 성과조직으로 만들 수 있다는 것이 필자의 생각이다.

이러한 변화를 시도함에 있어서는 용기가 필요하다. 시간이 필요하기 때문이다. 처음 시도할 때는 기존 시스템에 적응되어 있어 부작용이 따를 수 있고 이것이 성과 부진으로 이어질 경우 당장 원위치 하고 싶은 생각을 참을 수 있는 용기가 필요하다. 그리고 사람은 신뢰한 만큼 보답할 것이라는 믿음과 사람은 믿고 맡길 때 최대의 역량을 발휘할 것이라는 믿음이 유지될 수 있어야 가능한 프로그램이다.

전 직원 전문가

우선 앞서 언급한 대로 전 직원을 전문가로 만들어 가는 방법을 강구해 나가야 한다. 조직은 조직이 지향하는 목적이 있으므로 모든 직원을 그 조직에 합당한 전문가로 만들어 가면 회사도 직원도 모두 만족할 수 있기 때문에 목표를 향해 한 방향으로 정렬할 수 있어 좋다. 회사가 이를 위한 모든 장치를 강구할 수는 없다. 직원들의 재능 기부를 유도해 스스로 동료를 전문가로 만들어주는 장치를 만들도록 하고 회사는 도와주는 역할을 해야 한다.

무엇이든 스스로 할 때 그 효과가 더 커지는 법이다. 자기 스스로를 전문가로 만드는 일에 스스로 노력하지 않을 리 없다. 그래서 그 효과가 더 커지는 것이다. 모든 직원이 맡은 분야에 전문가가 된다는 것은 회사의 생산성도 더 높아질 뿐 아니라 직원 스스로도 자기가 맡은 분야에 대한 열정이 더 높아질 수 있게 된다.

절대평가시스템

대부분 회사의 기본시스템은 상대평가시스템을 기본으로 한다. 회사의 제한된 예산으로 최대의 성과를 내기 위한 방법이기 때문에 절대평가시스템을 채택하는 경우는 거의 없다. 그리고 그 당시 성과와 이전 성과 간의 난이도가 다를 수 있기 때문에 절대평가시스템을 가져가기엔 힘든 부분이 많다. 그럼에도 불구하고 최대한 절대평가시스템을 도입하려고 노력해야 한다. 그래야 직원들의 신뢰를 얻을 수 있다. 어느 정도의 수준에 달하면 어떤 처우를 받을지 예상할 수 있도록 만들어주는 것이 필요하다. 여기서 직원들의 신뢰가 싹튼다.

신뢰게임

감시게임에서 신뢰게임으로 가도록 노력해야 한다. 감시는 하면 할수록 더 많은 비용이 든다. 그래서 신뢰게임으로 가야 한다. 수년 전만 하더라도 지금과 같은 열차검표시스템을 상상하지도 못했을 것이다. 어느 때인가부터 감시를 위한 검표원이 사라졌다. 그렇지만 아무 불편이 없고 해당 업무를 하던 사람들은 보다 높은 가치의 업무를 할 수 있게 되었다.

필자가 소속한 콜센터도 마찬가지다. 직원들의 생산성이나 통화 품질을 위해 여러 가지 감시하는 방법을 강구하지만 그 효과는 그저 그렇다. 조금 더 강화하면 나은 것 같다가도 금세 원위치 된다. 신뢰로 가야 한다. 먼저 믿고 그리고 그 믿음을 저버리는 사람은 구성원에 의해서 제재받는 형태로 가야 한다. 그렇게 해야 구성원 간 신뢰가 형성되고 그 신뢰 속에 생산성도 높아지는 것이다.

개인 성과보다는 팀 성과로

지시보다는 자율적으로 조직이 움직여져야 한다. 모든 일을 지시에 의지할 수는 없다. 일의 범위만 정하고 스스로 더 잘할 수 있는 방법을 구성원들이 생각하게 만들어 주어야 한다. 모든 것을 회사가 정하고 지시한 대로만 직원들을 움직이게 해서는 직원들의 열정을 끌어낼 수 없다.

그래서 개인이 부각되는 시상이나 인정만을 해서는 안 된다. 반드시 조직으로 움직이는 성과에 따른 시상이 있어야 한다. 조직은 여러 사람이 모여서 성과를 내기 때문이다. 여러 사람들의 합이 개인의 합보다 많아지려면 팀 성과 위주의 성과보상이 있어야 한다.

셀프리더십 지향

조직에는 늘 리더가 있다. 그 역할에 따라 초급리더도 있고 고급리더들도 있다. 조직에서 리더의 역할은 절대적이다. 그래서 리더의 육성과 교육에도 많은 투자를 한다. 조직에 리더가 있다 하더라도 구성원들조차도 모두 리더가 되도록 만들어야 한다. 조직의 리더는 구성원 각자가 스스로 리더십을 발휘할 수 있도록 리드해야 한다. 그들의 리더십을 끌어낼 수 있어야 한다. 그래야 리더의 공백이 있어도 조직의 문제점이 최소화된다. 스스로 움직이기 때문이다.

스스로 움직이는 조직! 모든 경영자가 꿈꾸는 조직이다. 스스로 움직이게 만들려면 가능하면 맡겨야 한다. 스스로 움직이게 만들려면 생각하게 만들어야 한다. 그렇게 하려면 모든 구성원들에 책임져야 할 부분이 있도록 만들어야 한다. 답답하다고 내가 다 해서는 안 된다. 사람은 생각하게 만들어 줄 때 가치도 느끼고 재미도 느끼고 힘든 줄 모르고 일한다.

자랑회의

회사에서 일반적 회사 분위기를 상상해 보라! 오늘은 누가 깨질지, 오늘은 상사가 어떤 분위기일지. 그중에 몇몇 칭찬받는 부서나 직원들도 있지만 전체적인 회의 분위기는 상대적으로 못한 조직이나 사람을 드러내서 스스로 분발하게 만드는 회의다. 이렇게 해서는 회의 분위기도 그렇거니와 회의를 통해서 기대하는 바를 달성할 수 없다. 회의에 참여하는 모든 사람들은 면피할 생각과 그 자리를 모면하는 데에 집중할 뿐 생산적인 회의가 될 수 없다.

자랑회의를 시도해 보라. 참석한 부서별로 혹은 직원별로 자신이 지난주에 잘한 것에 대해서 자랑하라고 하고 나머지 참석자는 경청하고 박수로 격려한다. 그렇게 몇 주간 계속 진행해 보라. 조직 분위기도 좋아지고 회의에서는 다른 부서가 잘하는 것을 얻어가려는 분위기로 바뀌고 나도 그렇게 해야겠다고 노력하는 분위기로 바뀐다. 조직의 역량이 공유되고 시너지가 일어나게 된다. 자랑도 몇 번 하고 나면 바닥이 나기 때문에 늘 새로운 것을 시도하게 된다.

이상의 몇 가지는 북새통경영을 하면서 직원들의 성장을 유도하고 회사에서도 그 경영철학에 맞도록 경영시스템을 사람경영에 맞추려는 시도로 진행된 것이다. 이러한 시도들이 보다 진정성 있게 진행되면 구성원 각자가 주인공으로서 거듭나게 하는 데 더욱 도움이 될 것이다.

마치면서

●

"

결단을 내리는 데 시간이 걸리는 사람을 비난해서는 안 된다.
정작 비난해야 할 사람은 결단을 내린 뒤에도 실행에 옮기는 데 시간이
걸리는 사람이다. 모든 위대한 일은 작은 실천에서 출발한다.

— 시오노 나나미 —

"

모든 것은 실행이다. 이 책에 나온 내용의 대부분은 자기계발서 몇 권이면 다 나오는 얘기들이다. 단지 독서를 통해 성장할 때만이 우리가 더 바람직한 삶을 살 것이라는 것을 주장했을 뿐이다. 그런데 늘 실행이 안 된다. 누구나 더 나은 삶을 살고 싶고 더 많은 계발을 하고 싶고 더 존중받는 삶을 살고 싶어 한다. 그러나 늘 실행이 안 되는 것이 문제다.

필자가 생각하는 실행에 대한 비법은 운동이다. 다른 모든 계획에 앞서 한 가지만 해야 한다면 정기적인 '운동'이다. 생각해 보라! 우리들이 무엇인가 새로운 것을 계획하고 새로운 도전을 꿈꿀 때가 언제였는지? 몸의 컨디션이 좋았을 때다. 컨디션이 좋았을 때 뭔가 새로

운 생각을 할 뿐 아니라, 현재의 정체된 자신의 모습이 실감 나게 된다. 이것은 나이와 관계가 없다. 나이가 젊은 사람들의 경우에도 지속적인 도전을 위해서는 매일 최상의 컨디션을 유지해야 한다. 그렇지 않고서는 어느 순간 건강에 문제가 생기기 시작하면 그 당시 하고 있던 모든 일이 무의미해진다.

죽을 때까지 우리가 해야 하는 일 두 가지는 독서와 운동이다. 둘은 우리의 안팎을 채우는 도구이기 때문이다. 둘 중에 어느 것이 먼저일까? 그것도 운동이다. 운동을 해서 건강해야 책이 읽힌다. 그전에는 책이 수면제일 뿐이다. 운동과 독서는 둘 다 우리의 꿈을 키워줄 뿐 아니라 끊임없는 성장의 양 수레바퀴에 해당한다. 그렇지만 둘 다 습관을 바꾸는 일이기 때문에 쉽지 않다. 그래도 먼저 습관으로 정착시켜야 하는 것은 운동이다.

오늘부터 운동을 습관적으로 할 수 있도록 시작하자. 정기적으로 하는 것이 중요하기 때문에 하루 일과에 따라 좌우되지 않는 이른 시간이 좋다. 그래서 무조건 매일 운동하는 시간을 확보하자. 처음부터 많이 하지 않더라도 매일 하는 것이 중요하다. 그래야 습관이 되기 때문이다. 습관이란 그것을 하지 않을 때 좀이 쑤실 정도가 될 때까지를 얘기한다.

습관을 바꾸려면 지독해져야 한다. 하지 않으면 안 되도록 여러 가지 방법을 강구하자. 오늘부터 반복적으로 운동할 수 있도록 알람을 맞춰 둔다거나 스포츠센터에 등록을 하는 등 다양한 장치를 강구하자.

운동이 습관화되면 그때부터 책을 읽는 것을 습관화하자. 그러면 우리는 성장하는 삶으로 진입하게 된다. 성장하는 삶이 나를 인생의 주인공으로 만들어 줄 것이다.

우리는 모두 인정받고 주인공이 되고 싶어 하지만 주인공이 될 수 없는 수많은 이유를 앞세우며 그저 그렇게 살아간다. 또, 우리는 사회적인 기준과 편견이라는 껍질만 벗기면 주인공의 모습으로 살 수 있지만 그냥 사회가 만들어 놓은 껍질 속에서 그대로 살아간다.

우리 모두는 주인공이 될 수 있다. 필자를 비롯한 보통 사람도 주인공이 될 수 있어야 한다. 그 방법은 성장이다. 사회에서 요구하는 사람의 능력은 이미 정해져 있어 어쩔 수 없는 부분이 많지만 사람의 의식성장에 관한 영역에서는 누구에게나 공평한 기회가 주어졌다. 성장과 함께 나만의 든든한 세계를 구축할 수 있고 그 속에서 나는 주인공으로 재탄생하는 것이다. 세상의 기준에 쉽게 흔들리지 않는 굳건한 주인공이 되는 것이다.

필자는 30여 년 직장 생활을 하면서 이미 만들어진 사회적인 구조 속에서 사람 그 자체보다는 일과 돈에 의해 매몰되는 현실을 목도하면서 그 냉혹한 현실 속에서도 구성원 모두가 꿈을 잃지 않고 끊임없이 도전하며 주인공이 될 수 있는 조직을 꿈꾸어 왔다. 이제 글을 마치며 새로운 도전을 꿈꾼다. 사람 중심 경영으로 구성원 모두를 주인공으로 만드는 길이 자본과 노동이 함께 승리하는 길임을 증명해 가리라 다짐한다.

> "
> 언젠가는 절대 오지 않는다.
> '언젠가'를 '오늘'로 만들어라.
> – 시오노 나나미 –
> "

부록

북새통을 통한
변화들

다음은 매스컴에 소개된 '북새통경영'의 기사와 실제로 직원들로부터 받은 독후감을 통해 북새통의 효과를 엮은 것이다. 현장에서 정해진 책을 읽고 보낸 소감과 필자가 직접 현장에 다니면서 강의 후 제공한 『실행이 답이다』(이민철 교수)와 『무지개원리』(차동엽 신부)를 읽고 보내준 글들이다. 여기서 소개되는 소감들은 북새통을 운영하면서 직원들로부터 비교적 많은 공감을 얻어낸 책들 위주로 정리하였으니, 실제 현장에 바로 활용해 볼 수 있는 책이라고 할 수 있겠다.

북새통으로 성장한 직원들의 이야기

『내 인생 오 년 후』, O 님

매해 신년이 되면 전해를 돌아보며, 새로운 각오와 함께 계획을 세우곤 한다. 1년이라는 시간이 쏜살같이 지나서 짧은 듯 느껴지지만 하루, 한 달을 생각하면 충분히 계획을 실현해 나갈 수 있었던 긴 시간인데, 무엇 하나 이루지 못하고 시간이 흘러갔다는 생각에 계획을 이루지 못한 것에 대한 후회를 하게 된다.

그동안 내가 세웠던 계획들은 인생 전체를 놓고 막연히 미래의 행복을 바라면서 꼭 계획을 이루려 하기보다는 순리대로 열심히 살았기에 좀 더 나아진 것도 있고 이루지 못한 것들은 내 몫이 아니려니 생각했었던 것 같다. '내 인생 5년 후'에서 '5년'이란 혁신 즉, 획기적인 변화를 위한 최적의 시간 단위가 되는데, 5년의 단기적인 목표를 수립하고 모든 에너지를 써서 최적의 목표를 이룰 수 있다고 한다.

〈5년 후 내 인생을 위한 목표〉

① 나의 직업: 지금 회사에 입사한 지 만 6년이 넘어 7년 차로 들어 갔다. 입사 10년 차가 될 때까지 나의 일을 더 사랑하고 일을 잘 하는 사람이 되어 직장 내에서도 타의 추종을 불허하는 '유일한 사람'으로 역량을 갖춘 인재가 된다.

② 미래를 위한 내실 쌓기: 현재를 개선할 수 있는 값진 체험을 위 해 한 달에 3권 읽기 실행하기, 행동반경을 넓힐 수 있는 외국어 하나 공부하기

③ 여행 통장 만들기: 자유롭고 여유로운 일탈의 여정을 위한 해외 여행비용 저축하기

④ 건강 챙기기: 일주일에 4일 동안 한 시간씩 운동하기(치매와 오십 견 추방, 5kg 다이어트)

⑤ 나눔에 참가하기: 나누고 사랑할 때 더 아름답다는 마음을 가슴 속 깊은 곳에서 끌어내어 혼자 빨리 가기보다는 모두와 함께 가 기를 실천에 옮긴다. 행복의 목표에 도달하기 위해 능동적으로 전략을 꼼꼼하게 세울 것이며 열정을 다해 전략을 실행해 나갈 방법에 대해 고심해 봐야겠다.

"출가하는 사람의 배낭에는 나이가 없다."라고 했던가. 어떤 사람 이 되고 싶은지 꿈꾸고 계획하게 하는 투비리스트to-be list를 배낭에 넣 어 본다. 힘들더라도 나의 자존감과 당당한 기백을 가지고 끊임없이 노력하고 내가 목표한 것을 꼭 이루도록 자신감과 용기를 가지고 노

력해 보아야겠다.

『꾸뻬 씨의 행복 여행』, K 님

『꾸뻬 씨의 행복 여행』을 읽기 전에는 '행복'이라는 건 오로지 돈으로 다 해결될 일이라고 생각하며 살았습니다. 돈이 있으면 내가 원하는 것을 얼마든지 할 수 있고 경제적으로 힘든 일 없이 행복할 수 있다고 생각했습니다. 이 책을 읽기 전에는 항상 입에 달고 살던 말이 '난 왜 이렇게 불행해?', '왜 이렇게 다른 사람들과 다르게 살고 있지?', '저 사람은 별것도 안 한 것 같은데 왜 행복해보이지?'라는 생각을 주로 많이 했었습니다.

하지만 이 책을 계기로 행복이란 건 누구와도 비교해서도 안 되는 것이며 돈으로도 살 수 없는 것이란 진리가 더욱더 마음에 와 닿았습니다. 현재 내가 행복하지 않다고 생각했습니다. 뭔가를 하기 위해서 목표를 세우고 도전하지만 이것 또한 그냥 삶의 일부일 뿐 행복과는 거리가 멀다고 느껴왔습니다. 어쩔 수 없이 살기 위한 몸부림일 뿐이기에 불행하다고만 생각했습니다.

이 책을 읽고 난 후 새롭게 느낀 마음가짐과 행복에 관해 이야기하자면, 내가 행복하기 위해서는 자신을 남과 비교하지 말고 현재 이 시점에 내가 무엇인가를 할 수 있다는 것, 낮에 따스한 햇빛을 받을 수 있다는 것, 가고 싶은 곳이 있으면 언제든지 내 발로 걸어갈 수 있다는 것, 나의 사랑하는 가족들과 함께 웃고 싸우고 밥 먹을 수 있는 것 등 아주 사소한 것들조차 행복이라고 느끼려고 노력하고 있습니다.

이런 걸 알고는 있었지만 무의식적으로 '그건 행복이 아니지.'라는 생각을 했던 나 자신과 가족들에게 미안해졌습니다.

앞으로는 정말 아무리 사소한 것이라도 내가 할 수 있다는 것, 누군가에게 도움을 줄 수 있다는 것, 누군가가 나한테 말 한마디 따뜻하게 해주는 것조차도 행복한 순간이라는 마음으로 조금 긍정적인 자세로 앞을 바라보게 되었습니다. 행복에 대해 막연하게 느꼈던 생각이 이 책을 통해 조금이라도 바뀌었다는 것에 정말 감사하게 생각합니다.

『꿈꾸는 다락방』, A 님

'R=VD' 법칙에서 말하는 것처럼 책이 주는 여운은 많지만 결국 잊지 말아야 할 것은 함축적으로 생기 있는 꿈$_{VD}$이 현실$_R$로 되는 것을 믿는 것이다. 메마르게 하루하루를 때우듯이 보내다가 북새통을 통해 이 이야기를 접했을 때 허황되고 말도 안 되고 나는 안될 것 같다는 생각이 들었다. 믿고 안 믿고를 떠나서 나는 구체적인 dream도 없었고, 하고 싶은 것도 잘하는 것도 없는 것만 같아 그냥 하루하루를 사는 게 다였다. 이미 30대의 나이에서 꿈을 꾼들 현실에 치여 아무것도 할 수 없을 것만 같았다.

하지만 신기하게도 책을 읽으면서 이런 것도 꿈이 될 수 있구나 이런 삶도 있구나 하고, 꿈을 새록새록 꾸게 되었다. 다시 학창 시절로 돌아간 것만 같이 두근거리기도 하고 삶에 활력도 되었다. 하루하루가 큰 틀에서는 다르지 않지만 소소하게 작은 미소, 하루를 대하는 태도에 작은 변화가 오기 시작했다. 그리고 어차피 돈이 드는 것도 손해

보는 것도 아니니 믿어 보기로 했다. 하고 싶은 것도 구체적인 꿈도 없던 내가 꾼 꿈은 바로 멘토를 정해서 닮아가는 것이었다.

평소에 하고 싶은 것도 꿈꾸는 것도 없었지만 다른 사람을 부러워하며 '우와, 정말 멋있다!' 하고 생각하던 대상에 대해 이제는 그 대상을 닮아가는 모습으로 꿈을 꾸게 된 것이다. 책에 나온 사람들처럼 큰 꿈은 아니지만, 평소 하루하루 때우듯 '이렇게 오늘도 하루를 보냈구나.' 하는 모습에서 하루하루 꿈에 다가가는 모습으로 '이번엔 더 잘해봐야지!' 하며 차곡차곡 시간을 쌓는 것만으로도 개인적으로는 작지만 큰 변화였다. 시간이 지나도 잊지 않도록 모든 감정들을 계속 가져가기 힘들지만 나는 매일 기억할 것이다. 'R=VD'라는 것을.

『무엇이 우리를 일하게 하는가』, S 님

무엇이 우리를 일하게 하는가? 도대체 무엇what?의 포괄적인 의미가 무엇일까? 이 책을 읽으면서 내 스스로에게 질문을 하고 답을 하는 시간이었다. 인간의 생각이 얼마나 큰 영향력을 줄 수 있는지를 다시 한번 생각하는 계기가 되었다. 대학교를 졸업하고 난 정체성을 잃어버린 채 부모님의 은혜에 보답하기 위해서 취직을 하였다. 내가 좋아하는 일을 한 것이 아니라 첫 직장이니 그곳에 안주하고 그 자리에서만 최선을 다하려고 했던 것 같다.

가장 후회가 되는 것은 이십 대에 나의 주체성, 가치관을 가지지 못했던 것이다. 결혼을 하고 나서는 단순히 아이들 육아에 조금이나마 보탬이 되고자 판매영업을 하였다. 열심히 안 한 것은 아니다. 나름대로의 영업 노하우를 가지고 다른 동료보다는 월등하기 위해서 부단히 노력한 것 같다. 항상 최상을 유지하기 위해서 책에 나온 친구들처럼 때론 편법을 사용하고, 무리한 호객행위도 마다하지 않았다. 급여가 항상 최상이었지만 난 급여 날이 기다려지지 않았다. 무엇인가 허전함을 느꼈다. 그런데 책을 읽고 나서야 그 허전함이 무엇인지 알게 되었다.

그 당시 내 월급은 지금 월급의 5배나 높았지만, 왜 내가 일을 해야 하는지 찾으려고 하지를 않은 것이다. 단순히 급여 날 찍히는 통장의 숫자만을 위하여 일을 한 것 같다. 어쩌면 누군가에게 보여주기 위한 나의 허세였는지도 모르겠다. 급여는 높았지만 과다한 판촉비로 결국은 빛 좋은 개살구였던 것 같다. 꿈을 꾸지 않은 것이다. 목표가 없었고 핵심가치가 없으니 스스로를 평가하는 중간 점검도 없었던 것이다.

책에서 '가한'은 무엇보다도 일하는 이유를 가치관에 중점을 두고 비전과 핵심가치를 제시하면서 실천, 중간점검, 책임감까지 이야기하고 있다. 각자 구성원의 가치가 회사의 가치와 일맥상통될 때 회사는 즐거운 회사가 되는 것이다. 회사 구성원의 중심은 결국은 나로부터 시작된다. 나와 내가 만나서 우리가 되고, 우리는 서로 '관계'라는 중요한 포커스를 놓칠 수 없다.

고객과의 관계, 조원들과의 관계, 배달사원들과의 관계! 특히나 배달사원들은 현장에서 대면접촉으로 일하시는 분들이기 때문에 정말 감사히 생각해야 한다. 지난주에 시골에 가서 감을 따왔었다. 많은 양은 아니지만 구역 담당사원에게 배달물품을 받으면서 감을 드렸다. 대화를 나눈 적도 없는 사원이지만 나의 진심이 사원에게 전해졌는지

1초 만에 감사하다고 표현하는 모습이 진심으로 느껴졌다. 내가 즐거워야 가정이 편안하고, 내가 행복해야 회사 생활도 적극적이고 긍정적으로 임할 수 있다.

회사에서는 다양한 방법으로 구성원들에게 자질을 향상시킬 수 있는 기회를 제공하고 있다. 사내 어학 과정, 자격증 과정 학습 동호회 등등. 이런 회사에 다니고 있는 나는 자부심을 느낀다. 이번 기회에 자격증 과정 학습 동호회에 가입을 하였다. 하나하나 꿈을 가지고 즐거운 상상을 하면서 벽돌을 쌓는 벽돌공 아저씨처럼. 나도 하나씩 나의 꿈을 위해, 가치관을 위해 벽돌을 쌓아야겠다.

『무지개원리』, K 님

무지개원리란 뭘까? 어릴 땐 밥만 먹고도 행복하게 살았는데, 시간이 지나고 나이가 들면서 밥만 먹고는 살 수가 없다는 것을 느끼면 순간순간 행복하다고 느껴야 할 내 인생을 누군가와 비교하고 힘들어하고 좌절하는 데 허비하게 된다. 무지개란? 건조한 하늘에 생긴 수증기에 빛이 통과하는 것을 우리가 볼 때 여러 가지 색으로 보이는 것?
그런데 진짜 7가지 색이 다 보이나? 난 솔직히 빨강, 노랑, 초록밖에 못 봤는데……. 다른 이들이 7가지 색이 무지개라니까 나 혼자 3가지 색밖에 안 보인다고 말하면 '돌+아이'가 될까 봐 나도 7가지 색이 모두 보이는 무지개라고 하는 게 아닐까? 행복이 뭘까? 남들은 보이는데 나는 안 보이지만 보이는 3가지로 만족하고 보이는 3가지 색이 영롱하다 느끼면 신비한 자연에 감탄하는 무한 긍정이 아닐까?

초등학생 때 TV에서 심장병 어린이 돕기 모금방송을 하는 것을 보고 나도 칼바람 쌩쌩 부는 한겨울에 육교 위에서 일주일 동안 모금을 한 적이 있었다. 누가 시키면 할 수 있었을까? 지나가는 사람들의 반응이 천차만별이었다. 우리를 불쌍히 보는 사람, 의심의 눈초리로 보는 사람, 부모님이 시켰냐며 무턱대고 부모님 욕하는 사람, 심지어 동냥하는 걸인이 자기구역을 빼앗았다고 화를 내 무서워 아빠에게로 도망간 기억도 있다. 거의 백만 원 정도로 기억하는데 학교 친구 중에 심장병을 앓고 있는 친구의 수술비로 기부했다! 그 추운 날, 육교 위에서 어린 초등학생이 자의로 누군가를 위해 모금을 할 때의 마음, 그 마음이 무지개원리가 아닐까?

결과도 중요하지만, 어떤 일을 할 때 동기와 끈기도 중요하다. 무턱대고 친구를 도와주고 싶은 마음에 시작은 했지만 창피하고, 춥고 색안경 끼고 보는 어른들의 시선 때문에 함께하던 친구들은 모두 그만뒀는데 끝까지 목표한 금액을 채워 마무리했던 내 자신이 기특해서 가슴 벅찼던 그 느낌이 지금도 기억난다! 지금 당장의 스펙도 자본도 능력도 없지만, 누구보다 자기 자신을 믿고 차근차근 준비해서 앞으로 나아가는 게 무지개라는 생각이 든다.

전교 1등? 우수 상담사가 돼서 대표님에게 상 받는 거? 물론 좋다. 생각만 해도 신난다. 하지만 자신의 멘탈이 탄탄하고 자존감이 충만해서 스스로 행복한 사람이라는 자부심을 가지고 있는 사람은 겉으로도 풍겨 나오는 아우라가 있다! 무조건 일등 하기 위해 나를 채찍질하는 것도 좋지만, 자신을 사랑하는 사람이 결국에는 길게 볼 때 인생의 승리자이고 성공한 삶이다.

이제 불혹이라는 40을 넘기고 보니 인생에서 나를 사랑하는 마음 가짐이 얼마나 중요한지 느끼게 된다. 나를 사랑하고 내 인생을 사랑하고 행복이 넘치는 삶을 살기 위해 오늘도 기쁜 마음으로 출근을 한다. 내일이 있다는 것이 얼마나 행복한지! 절망, 시련, 불행... 다 생각하기 나름 아닐까? 길에서 단돈 1달러로 연필을 팔지만 지글러 박사의 "당신은 사업가다!"라는 한마디로 큰 사업가가 된 거지처럼 나 자신에게 그렇게 말하고 싶다. 내 눈에 보이는 빨강, 노랑, 초록을 보는 것만으로도 행복해하고 안 보이는 나머지 색 때문에 절망하지 않고 그 색들을 찾아보려는 도전정신과 준비하는 태도, 그리고 긍정의 마인드를 가지게 된 나를 칭찬하고 싶다!

지금 이 책을 읽는 곳은 카페다. 내 앞에 향이 좋은 아메리카노 한 잔이 있고 느낌 좋은 음악과 밝은 햇살, 푹신한 의자 그리고 책 한 권! 아, 천국이 따로 없다.

『에너지버스』, K 님

신입 교육과정 중에 있는 북새통……. 건네받은 책 한 권 『에너지버스』 책을 읽으라고 하는 과제 자체가 특이하다는 생각을 하게 되었다. 읽어보라고 한 데에는 다 이유가 있겠다 싶어 9시부터 6시까지의 교육과정과 생소한 지식을 습득해야만 하는 과정 속에 벼락치기로 하루 만에 다 읽어버렸다(시간적 여유도 없어서 벼락치기로). 다행히도 어려운 내용이 아니라서 책장이 잘 넘어갔다.

'행복한 인생을 위한 10가지 룰' 중에서 8번째인 사랑하라는 내용이 가장 와 닿았다. "상을 주거나 트로피를 주거나 연봉을 올려줄 수도 있겠지만 물질적인 포상을 통해 얻은 즐거움과 흥분에는 내성이 있어서 동일한 만족을 주기 위해서는 더 크고 강한 포상이 필요하다."라는 내용이 참 많이 와 닿았다. 이것은 아주 단순해 보이지만 당신의 팀을 성공으로 이끄는 궁극의 해답이라는 이야기를 하고 있다.

이 내용이 비단 직장에만 적용되는 게 아니라 사람과의 모든 관계 및 가정생활에서도 적용이 되는 듯하다. 예를 들면 아이들에게 최신형 장난감이나 멋진 옷을 사줘도 그 기쁨은 일시적이지만 아이를 진심으로 이해하고 존중하면 긍정의 마인드를 심어주는 결과가 나타나는 것이다.

예전에 큰아이 어릴 적에 부모교육을 받으러 4개월을 다니면서 나 자신의 생각이 넓어지고 깊어지는 것을 경험했다. 아이가 화가 나서 물건을 던졌다면 나는 아이가 물건을 던진 사실만을 생각하며 "아무리 화가 나더라도 물건을 던지는 건 아니야." 하며 아이를 고치려 했다. 하지만 아무리 그렇게 하더라도 아이는 고쳐지지 않았다. 대신 '얼마나 화가 났으면 던졌을까?' 하며 아이의 마음에 공감하며 사랑으로 어루만져주면 자연스레 문제행동이 없어진다는 이야기를 그곳에서 들었다. 난 교육받은 대로 실천했고 아이가 달라지는 걸 보면서 더 많이 노력을 하게 되었고 그 이후로도 소통하는 법을 지속적으로 실천하고 있다.

나 자신이 변하니까 아이들이 변하는 모습을 보면서 교과서에서만 보는 내용인 "내가 변해야 상대방도 변한다."를 체험하니 자연스레

남을 탓하기보다는 내 자신을 먼저 돌아보게 되었다. 앞으로도 많이 배우고 느끼고 발전하고 싶다. 긍정의 에너지로 채워서 말이다. 그리고 항상 진실성 있는 사람이고 싶다. 진실은 모두에게 통하기에…….

『천 번은 흔들려야 어른이 된다』, S 님

이 책을 처음 접하였을 때 나의 심장은 심한 요동을 치고 있었고 아직까지도 뭔가 모를 가슴앓이를 하고 있다. 김난도 저자는 "천 번을 흔들려야 한다."라고 한다. 도대체 얼마나 많은 아픔과 격동을 겪어야만 어른이 될 수 있을까? 과연 나는 지금까지 얼마만큼 흔들렸었는지? 어른이 된다는 것은 신체적 성장이 아닌 정신적 성장의 의미가 아닐까 싶다. 보통 우스갯소리로 "나잇값도 못한다."라는 말이 있다. 흔들림을 받고 나서도 자아가 성찰되지 않았음에 그러한 것이 아닐까 싶다. 하나라도 놓칠 수 없는 여러 가지 조언 중에서도 '당신의 가치'에 대한 이야기가 나를 더욱 어른이 될 수 있게끔 만들어주었다.

당신의 삶은 가치 있다. 조금 더 많은 사람을 사랑하고 또 사랑받을 수 있는 당신은 가치 있다. 당신의 사명에 다가가며 남을 돕고 세상을 더 낫게 만들 수 있는 당신은 가치 있다. 좀 더 완성된 자신을 위해 조금씩 배우고 경험해 가는 당신은 가치 있다. 중요한 건 지금부터다. 우리는 각자 본인 스스로가 얼마나 소중하고 가치 있는 존재인지를 망각하고 살고 있다. 나 또한 무조건적으로 나 자신보다는 자녀들의 삶에 퍼즐처럼 스스로를 끼워 맞추는 인위적인 삶을 살고 있었다. 나를 사랑하는 법을 배웠다. 내 삶을, 나의 인격을 사랑해야만 내 자녀들과 가족들 더 나아가 직장 동료와 이웃들을 진정으로 사랑할 수 있지 않을까?

요즘 텔레마케팅관리사 공부를 하고 있다. 일주일에 한 번씩 회사에서 학습동호회를 하고 있다. 센터장님께서 멘토가 되어서 '지식나눔'을 공유하고 있다. 이러한 멘토시스템도 재능 기부이며 동료들을 위한 사랑이 없으면 이루어지지 않는다고 생각한다. 센터장님을 대할 때면 진심이 느껴진다. 나도 누군가에게 도움을 줄 수 있는 어른이 되고 싶다.

회사는 나를 성장하게끔 만들어 주는 큰 나무이다. 포럼, 북새통, 학습동호회, 연극, 영화동호회 등 여러 가지들을 통해 '나'라는 예쁜 꽃망울을 만들게 해 준다. 고은 시인의 〈그 꽃〉에는 이 모든 내용이 포함되어 있다.

내려갈 때 보았네
올라갈 때 보지 못한
그 꽃

등산을 할 때면 습관처럼 올라갈 때 땅만 밟고 올라가는 버릇이 있다. 봄을 알리는 이름 모를 꽃도 보려고 하지 않고. 먼 산 능선도 봐야 하는데 참으로 이상하다. 정상을 향한 압박감일지도 모른다. 하산을 할 때는 몸도 마음도 가벼울 뿐만 아니라. 보지 못하였던 것을 더 많이 보고 느끼게 된다. 내가 보지 못했던 나의 인생, 나의 꽃은 무엇일까? 지금부터 내 소중한 삶을 되돌아보면서 주위에서부터 찾아야겠다. 마지막 책장을 넘기면서 내가 이 책을 무사히 읽을 수 있었음을 다시 한번 감사하게 생각한다.

내게는 당연하고 보잘것없는 것들이 그 어느 누군가에게는 절실하였음을 다시금 느낀다. 1월에 갑자기 아파서 병원에 입원하여 수술한 적이 있었다. 부득이 입원실이 암병동이었는데, 암 환자들은 조금만 열이 오르면 병원에 자주 입원한다고 하였다. 김홍신 저자의 『인생사용설명서』를 읽고 있었는데 옆에 있는 환자분께서 나에게 '축복'이라는 말을 건네기 시작하였다. 그 '로사'라는 언니는 눈물이 마르고 입이 마르는 희귀병을 앓고 있는데 합병증으로 후두암이 재발하였다고 한다.

시력이 천천히 감퇴된다고 하였다. 책을 못 읽은 지가 언제인지 기억도 나지 않는단다. 나에게 읽을 수 있을 때 많이 읽어야 한다고 하였다. 조카가 CGV 영화관람권을 주었는데, '안 보면 간첩'이라고 하는 명량대전도 보지 못하였다고 쓴웃음을 지으면서 대화를 나눈 기억이 난다. 김난도 저자도 건강의 중요성에 대해 어필하고 있다. '잃어버린 건강'은 돈과 명예로도 대신할 수가 없다. 물론 육체적 건강과 정신적 건강이 병행돼야 한다. 나 또한 건강을 회복하기 위해 노력하고 있다.

설악산의 '흔들바위'는 흔들어도 무게중심을 잃지 않고 여전히 그 자리를 지키고 있다. 나의 무게중심도 흔들리지 않기를 바라며 한 걸음씩 걸음마 연습을 하는 꼬맹이처럼, 어른이 되기 위한 인생의 걸음마 연습을 해야겠다.

『실행이 답이다』, Y 님

기존 여러 가지 책들에서는 간절히 하고자 하는 일을 생각하면 이루어질 것이라고 했는데 이 책에서 이야기하는 "생각하는 것만으로는 안 된다. 생각을 행동하라. 행동하지 않는 생각은 쓰레기다!"라는 문구를 보고 좀 충격을 받았습니다. 내가 지금까지 생각만 하고 목표만 세워놓고 행동에 옮기지 못했던 일들이 얼마나 많았는지 뒤돌아보고 반성하는 계기가 되었습니다. 수료식을 하면서 세 가지를 목표를 정했습니다.

1. 자격증 공부하기
2. 멘토님이나 리더님처럼 업무전문가가 되기 위해 꾸준히 공부하기
3. 조카와 일본여행을 가기 위해서 돈을 모으고 일본어를 공부하기

이 중 어느 것 하나 행동으로 옮기고 있는 게 없었습니다. 자격증 일정을 알아보거나 관련 서적을 구매하지도 않았고 공부를 위해 항상 자료를 챙겨가지만 항상 그대로 가져오고 일본어 책도 사기만 했지 한 번도 들여다본 적은 없고……. 정말 부끄럽게도 세 가지 목표 중 1개도 행동에 옮기질 못했습니다. 앞으로는 내가 목표했던 모든 일들이 쓰레기가 되지 않도록 실행에 옮기겠습니다.

『언니의 독설』, ㄴ 님

흔들리는 30대를 위한 책이라지만 불혹이라는 40대에 접어들었음에도 자신과의 내외적 갈등과 주변 상황에 쉼 없이(?) 흔들리는 내게 이 책은 따끔한 충고와 조언을 주었다. 세상과 적당한 선에서 자신에게 유리한 쪽으로 적당한 변명을 하며 적당하게 타협하며 살아온 잘못된 관념들을 콕 집어주는 점이 나를 부끄럽게 만들었다. 하지만 정말로 내가 믿고 따르는 인생 선배 언니가 해 주는 것 같은 기분 좋은 조언으로 이 책을 마무리할 수 있었다.

그중에서도 가장 기억에 남는 부분은 일work에 관한 저자의 조언이다. 애들을 어느 정도 키운 후 사회로 다시 나온 주부들은 아마 대부분이 공감하는 부분이 많을 것이다. 가정생활과 회사 일을 똑같은 비중으로 병행하기가 정말로 힘들다는 것을 말이다. 나 역시 여자라는 이유로 솔직히 회사 일은 적당한 선에서 타협하는 부분이 많았던 것 같다.

예를 들어 회사에서 강성 민원이라든지 뭐가 하나라도 큰일(?)이 일어나는 날에는 어김없이 지친다는 말만 연발하며 그냥 다시 가정으로 돌아가 버릴까 하는 생각을 가끔씩 가져보기도 했다. 이런 안일한 생각을 정확히 간파하며 꾸짖어 주었고 나의 생각을 다시 한번 가다듬고 정비할 수 있게끔 해주었다.

특히 저자가 언급한 1만 시간의 법칙—내 일에 매일 3시간씩 열정을 다해서 몰입하고 그걸 10년 동안 1만 시간을 채우면 성공한다는 것—은 나에게도 가슴 깊이 새겨지는 고마운 충고였다. 그런 의미에서 본다면 난 아직도 1만 시간에는 담금질도 못하고 시간을 대충대충 흘려보내고 있었구나 하는 탄식이 나왔다. 지금도 늦지 않았고 지금부터라도 가능하다는 희망을 품고 나의 가정생활과 사회생활에 자존감과 자부심을 가지고 열심히 뛰어야겠다는 다짐을 해본다. 오늘의 삶이 10년 후의 미래에 커다란 자양분이 될 수 있도록······.

『나는 내일을 기다리지 않는다』, L 님

책을 읽기 전에는 강수진에 대해서 막연히 정말 대단한 사람, 발레라는 분야에서 최고가 된 멋진 여자라는 생각은 하고 있었다. 그런데 책을 읽으면서 어떻게 이렇게까지 할 수 있을까 하는 생각이 들 정도로 상상도 하기 힘든 연습을 하는 사람이라는 것을 알게 되었다. 단순한 열정만으로 이게 가능한 걸까 하는 생각이 들었는데 그건 내일을 기다리지 않는, 오늘이 마지막인 것처럼, 오늘밖에 없는 것처럼 살았기 때문에 나타난 결과인 것이다. 하지만 아무리 그렇게 생각하려 해봐도 사실 내일이 존재한다는 생각은 어쩔 수 없이 깔려있는데 저런 생각이 들 수 있을까? 강수진은 그렇게까지 했을 때의 만족감과 희열을 느껴봤고 그 성취감을 알았음에 틀림이 없다.

어느 순간부터 무엇을 이루기보다는 안정적이면 된다는 편한 생각만 했었는데 뜨거운 만족감, 희열이라는 단어를 책 속에서 본 순간 뒤통수를 맞은 느낌이었다. 나도 마음속의 꿈이 있고 목표를 정해두었기에 그것을 이루었을 때의 느낌을 상상하게 되었다. '무엇이 되어야지.' 하는 막연한 생각은 있었지만 책을 읽으면서 다시 한번 목표를 향한 열정이 생긴 것 같다. 내가 이날을 되돌아봤을 때 미련이 없을 만큼 열정적으로 지금 이 순간만큼 후회 없도록 해봐야겠다는 생각이 들었다. 막연한 목표에 대해서 다시 한번 마음을 다잡을 수 있는 기회가 된 것 같아 좋았다.

『행운아 마인드』, A 님

저자는 진학도 어려울 정도의 가정형편에서도 고교 진학, 대학 입학, 취업에 이르기까지의 출세와 회사에서 한차례 실패를 겪고도 그것을 딛고 지금의 성공에 이르기까지는 '행운아 마인드'에서 비롯되었다고 한다. 내가 책을 읽고 느낄 때 저자는 존경받아 마땅할 만큼 바르고 노력하는 사람이라고 느껴졌는데 아마 그것을 가능케 하는 근본적인 마인드가 바로 행운아 마인드가 아니었나 싶다.

모든 상황에서 부정적인 상황보다는 긍정적인 상황에 대해 감사하며 스스로 운이 좋다고 생각하는 모습과 그런 긍정의 에너지가 책 속에 녹아들어 읽는 내내 기분이 좋아지는 것을 느꼈다. 현재 내 삶을 돌아보면 이에 비해 얼마나 감사할 것이 많았는데 정작 스스로를 돌이켜볼 때 얼마나 행운이었다고 생각했는지 부끄러웠다. 저자는 스스로를 행운아라고 생각하니 정말 책을 읽는 내가 봐도 저자는 행운아처럼 느껴졌고, 스스로는 그렇게 생각해 본 적이 없으니 나를 행운아로 생각해 주는 사람은 없지 않을까 싶었다.

하지만 사실 생각해 보면 감사해야 할 일은 내게 더 많았다. 지금까지의 삶과 주변을 돌이켜보니 화목한 가정, 즐겁고 서로를 위하는 직장동료와 선후배님들 그리고 여름에 시원하고 겨울에 따뜻한 쾌적한 근무환경. 이 모든 것이 얼마나 감사하고 행운으로 다가오는지를 잊고 살아왔다는 것을 깨달으니 나 자신이 행복해졌다.

저자가 리더로서 인천공항에서 훌륭한 경영을 펼치는 것이 굉장히 인상적이었다. 물론 지금 나는 사원으로서 한 회사를 경영하는 리더는 아니지만 작게는 업무 실적에 대해 경영을 하고 있다. 큰 그림을 그리고, 비전을 갖고 세세하게 계획을 짜서 하나씩 실천하는 경영마인드를 갖고, 내 자신만이 아닌 전체의 비전과 고객들을 함께 생각하는 마인드를 가져야겠다고 생각하게 되는 계기가 되었다.

행운아 마인드를 기분 좋게 읽고 나의 행운에 대해 생각해 보게 되고, 스스로에 대해 다짐해 가면서 기쁨을 느끼게 된 행운의 책이었다.

『일단 시작해』, K 님

개인적으로 개그맨 김영철이라는 사람을 TV에서 보이는 이미지만으로 별로 좋아하지 않았더랬다. 그 무섭다는 내 나름대로의 사람을 보는 고정관념과 선입견만으로 말이다. 그래서인지 책을 받아 들고 별로 반갑지 않았다. 그런데 이게 웬일인가? 한 페이지를 넘겨 갈수록 나와 너무나도 코드가 비슷하고, 배울 점이 많은 사람이라는 것에 놀라며 마지막까지 참 재미있게 읽었더랬다. 군데군데 마음에 와 닿는 글귀, 행동 등을 메모까지 해가며 읽은 책은 이 책이 처음인 것 같다.

가장 기억에 남는 글은 김영철이 어머니에게 던진 엄마도 힘들었던 때가 있었냐는 질문에 대한 어머니의 답변이다. "와 안 힘들겠노? 살다 보면 죽고 싶을 때도 있고 비가 오면 눈물 날 때도 있고……." 문 득 옛 노래가사 몇 마디가 스쳐갔다.

"무지개를 찾아다니시나요? 돌고 도는 생활을 하시나요? 맑은 날만 있지 않아요. 궂은 날도 있을 거예요."

그렇다. 우리에게 늘 좋은 일만 있는 것은 아니다. 좋은 날도 있고 그렇지 않은 날도 있는 법. 고객님들의 칭찬 한마디에 웃고 욕설 한마 디에 울어버리는 참으로 연약한 신입 1개월을 꽉 채워가는 나로서는 이 말이 참 가슴 깊이 와 닿았고 큰 힘이 되었다. 그 외에도 힘이 되는 긍정의 메시지들이 참 많았지만, 지은이에게 가장 본받고 싶었던 행 동이 있다.

내가 잘 실천하지 못했던 영어공부, 일어공부…… 내가 수년간 해 오던 음악을 접어두고 이 회사를 선택하게끔 만든 여러 이유 중 가장 크게 작용했던 부분이 학업 지원이었다. 입사하면 사이버학습비를 지 원해준다길래 다른 것 보지 않고 지원했더랬다. 영어공부도 하고 싶 고, 일어공부도 마무리하고 싶고 말이다.

그런데 신입이라 업무에 발목이 잡혔다. 업무 익히기도 바쁜 터라 공부는 엄두도 못 내고 잠시 접어 두곤 했다. 그런데 지은이 김영철 은 새벽마다 영어학원에 가서 공부하고 영어를 마스터하기 위해 자신 의 쉼과 여유를 포기하면서까지 열심을 내지 않았던가? 부럽다. 저런 용기는 어디에서 나오는 거지? 혼자서 핑계도 대본다. '쟤는 싱글이잖 아. 시간이 좀 여유롭겠지. 난 아들 셋을 키워내야 하고 집안일에 회사일에……' 핑계를 댈라 치면 끝도 없다. 그래도 마구마구 욕심이 생기기 시작했다. 이 책이 나에게 큰 도전이 되기도 한다.

　작심삼일이 될 수도 있겠지만 핑계 따위 내려놓고 영어와 일어 공부에 다시 한번 도전해 보기로 했다. 김영철이 입이 닳도록 얘기했던 학원 등록은 못할지언정, 하루 5개 문장씩만이라도 외워보려 계획을 세웠다. 작심삼일에 작심삼일을 거듭해가며 꼭 자신과의 싸움에서 이겨보고 싶다. 그래서 1년 후, 매일 나에게 영어로 온갖 말을 해대는 아들 녀석에게 영어와 일어를 섞어가며 대답하는 것으로 화답해줄 테다!

『내 인생 오년 후』, ㄴ 님

　책 제목을 봤을 때 5년 안에 계획을 세우라는 내용이겠거니 했는데 생각보다 놀라운 책이었다. 저자는 성공한 사람들을 분석한 결과 목표를 수립하고 완성에 이르기까지 가장 최적의 시간이 5년이라고 하였다. 셰익스피어가 4대 비극을 완성한 시간, 콜럼버스가 신대륙을 발견한 시간, 김연아가 시니어 대회 첫 우승에서부터 올림픽 금메달을 목에 걸기까지의 시간 등등.

　5년이라는 시간이 짧으면 짧고 길다면 긴 시간인데 지금까지 계획 없이 아등바등 그저 나쁘지 않은 삶이라고 생각하며 살아온 나에게 확 와 닿는 한 구절이 있었다. "그럭저럭 나쁘지 않은 인생을 살고 있는가? '나쁘지 않은 인생'의 끝은 결국 나쁘다." 나쁘지 않은 인생이 아니라 좋은 인생을 사는 것이 중요하다. 내 꿈을 위해 지금부터라도 평균 급여가 아닌 최고 급여로 목표를 바꿔야겠다.

『실행이 답이다』, L 님

지난 주 대표님의 CEO 톡톡 강의를 듣고 많은 생각들을 하였습니다. 특히 대표님께서 "일을 하다 보면 꿈을 잃어요. 사는 게 녹록치 않거든요. 하지만 회사에서도 꿈이 필요하지만 개인의 꿈을 잃어선 안 돼요."라고 해주셨던 말씀이 얼마나 큰 의미로 다가왔는지 모릅니다.

저는 '소설가'라는 개인의 꿈과 열심히 상담원으로 근무하다가 기회가 온다면 'CS아카데미팀'이나 '인사교육팀'으로의 부서 이동이라는 사내에서의 꿈을 동시에 지니고 있었습니다. 그리고 그걸 이루기 위해 CS강사자격증 취득을 목표로 공부하였고 주말이면 대학교에서 직장인 특별반으로 상담심리학 공부 및 소설 습작을 하며 모든 순간순간들을 기쁘고 즐겁게 보내왔습니다. 꿈에 가까이 다가가고 있다고 생각했기 때문입니다.

하지만 여러 차례 문학상에서 떨어지고 사내 전문가 모집에서 선정되었지만 당시 계약직이었기에(지금은 정규직 전환이 되었습니다) 다시 기회를 잡아야 하는 상황이 연달아 닥치자 '내가 열심히만 하면 될까? 내가 헛된 꿈을 좇고 있는 건 아닐까?' 하는 생각이 들었고 그동안 열심히 해오던 것들을 놓기 시작했습니다. 자격증을 하나 더 취득해보자는 도전정신으로 시작했던 CS리더스 관리사 자격증 공부도 중단하였고 결석과 지각을 하지 않았던 대학수업도 두 차례 결석을 하였을 뿐 아니라 소설 습작도 더 이상 하지 않았습니다.

그런 제 자신의 모습이 처음엔 불안하였지만 곧 적응이 되어 더 이상 꿈을 꾸지 않았습니다. 눈뜨면 출근해서 일하고 퇴근하고, 멍하니 있다 잠들기를 반복하는 일상 속에서 제 삶에 스스로 무책임해지고 있었던 것입니다.

그런 제게 대표님의 특강은 참으로 중요한 터닝 포인트가 되었습니다. 생각해보면 그것이 좌절할 일들이라기보다는 더 성숙하게 나를 성장시키고 다듬어 갈 수 있는 기회였다는 것을, 그저 열심히만 하고 있었을 뿐 제대로 하고 있진 않았던 것이 아니었다는 것을 깨달았습니다.

대표님께서 선물해주신 이민규 교수님의 『실행이 답이다』 책을 두 번 읽고 나니 더욱 꿈이 선명해지고 더 중요한 실행의 우선순위도 구체적으로 그려보게 되었습니다. 나를 더 넓게 규정짓고 지금의 '해보자'는 도전정신을 잊지 않도록 더 제대로 치열하게 실행해보겠습니다. 오랜만에 습작을 다시 시작하니 키보드를 두드리는 손가락이 경쾌한 왈츠를 연주하는 듯합니다. 정말 진심으로 감사드립니다.

『실행이 답이다』, L 님

지난 2월 경영 특강 때 가장 강렬히 기억에 남았던 대표님의 말씀은 "뭔가에 대해 정말 열심히 노력한 적이 있나요?"라는 것이었습니다. 오늘 영어 단어를 외우고, 다시 어제 단어를 외우고 또다시 예습, 복습하는 독특한 암기방식을 실천했다는 대표님의 일화를 들어주시면서 여러분들 중 정말 이렇게까지 노력해 본 사람이 있느냐는 질문에, 저는 잊고 있었던 예전 모습을 떠올렸습니다.

일본 유학을 준비하며 매일같이 토플단어 200개를 외우고 한 단어 틀릴 때마다 500원의 벌금을 물어가며 지독히 외웠던 영어 단어. 와세다, 게이오 대학의 면접을 위해 일본어로 대학 면접 시뮬레이션을 연습하고, 유학생 전용 수능 EJU에 목숨 걸었던 시절이 있었습니다. 그땐 책도 정말 많이 읽어서 3년 내내 전교 대출순위 1~2등을 앞다투며 다독왕 상장도 받았었는데, 그때의 꿈 많고 책 좋아하던 저는 없고 지금은 많이 달라진 모습을 봅니다. 가정형편이 어려워져 유학의 꿈을 접고 일을 시작했지만, 한때는 그런 현실과 이상의 괴리가 싫어 많이 방황도 하고 이직도 했었고 유학에 대한 미련을 버리지도 못했습니다.

그래서 학력을 보지 않는 콜센터를 옮겨 다니며 방황하던 중, 이 회사에 입사하여 놀라움을 금치 못했습니다. 특히 상담사를 콜을 받는 기계로 보고 자기 실적의 수단으로 보는 슈퍼바이저들만 있던 과거 타사와는 달리, 꿈을 가지고 열정을 다하라고 응원하는 모습이 정말 신선한 충격이었습니다. 경영특강에서, 강조하신 대로 다시 제 꿈과 목표를 위해 열정적으로 행동하기로 결심하여 3월부터 중국어학원에 다니기 시작했습니다.

사실 1월부터 신년계획으로 '올해는 중국어를 배워봐야지!' 하고 마음만 먹고 있었습니다. 근무시간이 일정하지 않은 근무를 하면서 학원에 다니기 어렵다는 핑계로 미루고 미뤘던 공부를, 대표님 특강을 듣고 그날 바로 버킷리스트를 만들고 3월 1일부터 유휴시간을 쪼개 다니고 있습니다. 이러한 시작엔 바로 대표님 말씀이 큰 자극이 되었

습니다. 이번엔 중국어를 마스터해서 한걸음 제 꿈에 다가서기 위해
열정을 다하겠습니다.

직원들의 감사 메시지

대표님, 안녕하세요. 6월 CEO 톡톡에 참가했던 직원입니다. 선물로 주신 『실행이 답이다』를 읽고, 지금 바로 해보고 싶은 목표가 생겼습니다. 회사 내에 English Contact Center를 만들어 영어로 상담하고 싶네요. 지금 3년째 매일 영어학원을 다니고 있는데요, 더욱 실력을 갈고닦아 영어센터가 생기면 바로 투입될 수 있는 준비된 제가 되겠습니다!

－K 님

『천 번을 흔들려야 어른이 된다』라는 책을 어제까지 다 읽고 문자 드려요. 참 많이 늦었죠? 요즘 아모르파티란 말이 자주 들리던데 그 단어가 이 책에서 나오는 줄 이번에 알았습니다. 요즘 개인적으로 힘든 일이 많아 이런저런 생각이 많았는데, 이 책을 읽고 생각을 달리해보니 마음이 편해지더라구요. 지금 내 인생의 모든 순간과 상황을 받아들이고 더 성숙해질 제 자신을 믿어보려고 합니다. 글이 많이 기네요. 대표님께서 꿈을 가지고 노력하시는 모습 항상 본받겠습니다!

-J님

대표님, 인사가 늦었습니다. 귀한 책 잘 읽었습니다. 어느 한 구절 귀중치 않음이 없었지만, 역산 스케줄링과 데드라인 설정, 가두리기법 등등 모든 것이 제가 배워야 할 부분들이었습니다. 대표님의 독서경영으로 자존감이 배가될 수 있었습니다.

-S님

안녕하세요, 대표이사님. 소감문을 늦게 보내어 죄송합니다. 『실행이 답이다』란 책을 읽고 많은 걸 고민했습니다. 그냥 먹고살려고만 하루하루 버티면서 직장생활을 한 것 같습니다. 책을 읽고 내가 원하고자 하는 꿈이 무엇인지 정확히 정답을 내리지 못했지만 지금 하는 일에 필요한 것들 생각하면서 자격증 관련된 서적과 재미있게 책 읽는 습관을 기르기 위해서 판타지소설을 구입했습니다. 시작은 미약하지만 목표를 가지고 실행할 것입니다. 감사합니다.

−Y님

대표님, 안녕하세요. 책 선물해주신 지 한참 되었는데 감사인사가 늦어 죄송합니다. 늘 머리로만 새로운 나, 새로운 미래를 상상해오던 저에게 조금이나마 자극이 되는 시간이었습니다. 아이가 어리다 보니, 아이를 핑계로 저를 위한 시간은 가지질 못했던 것이 사실인데요, 『실행이 답이다』를 읽은 후 첫 번째 실행으로 옮긴 것은 한 달에 적어도 두세 권의 책을 읽는 것이었습니다.

대표님과의 대화 이후 도서를 두 번이나 주문했네요. 아이 책과 함께이긴 했지만요. 그중의 하나는 제 취향대로 예쁜 그

림과 함께 짧은 글귀들이 마음을 움직이게 하는 것이었는데요, 아이와 함께 주말에 공원에서 텐트를 치고 하늘을 보며 읽으니 정말 행복한 시간이었습니다.

또 두 번째 실행에 옮긴 것은 비타민을 챙겨 먹게 된 것입니다. 아이 건강은 챙겨도 저 자신을 챙기는 것을 참 소홀히 했거든요. 별것 아니지만, 비타민과 블루베리를 매일 먹는 것으로 건강을 지키는 행동을 실행하기 시작했어요.

지난 시간 좋은 말씀 너무 감사했습니다. 앞으로 미래를 위해 좀 더 실행이라는 단어를 마음 깊이 새기고자 합니다. 좋은 말씀 들을 수 있는 시간을 또 가질 수 있길 바라며, 날씨에 항상 건강 조심하세요.

-Y 님

주신 책 읽으면서 전주에 왔어요! 늘 생각은 잘했었는데 이젠 행동을 해봐야겠다는 생각이 콱 박히는 책이었어요. 그렇게 행동하다 보면 책 속의 말처럼 제가 원하는 곳에 데려다주겠죠! 좋은 책 감사합니다. 오늘도 행복하세요.

-Y 님

북새통 덕분에 책도 읽게 되었고 운동도 하고 있답니다. 우리 리더님이 좋은 책을 추천해서 운동도 하게 되었고 저희 오빠가 책을 많이 읽더니 시인이 되었어요. 오빠가 작년에 등단하고, 올해 올케언니도 등단하여 부부시인이 되었답니다. 대표님! 저도 앞으로 책을 많이 읽다 보면 뭔가 되지 않을까요? 희망을 주셔서 감사합니다.

-P님

대표님 안녕하셨습니까! 책에 직원들 이름을 한 명 한 명 써주셔서 정말 좋았습니다. 이 책은 어려운 부분도 있었지만 성공에 가까이 가려면 실행이 중요하다는 것을 자세한 방법으로 알려주더라구요. 독자가 직접 책 안에 글을 작성하고 중요한 부분은 밑줄을 치는 등 단순히 책만 읽는 게 아니라 여러 활동을 할 수 있어서 신선했고 유익했습니다.

지금은 대학교에 다니는 저희 큰딸이 읽고 있습니다. 어떤 일이든 계획만으로 그치기보다는 실행하면서 조금씩 발전하도록 노력하겠습니다.

-K님

지난 『독서천재 홍 대리』 책을 읽으면서 자투리 시간의 활용도를 생각하게 되었고 이번 책을 읽으면서 목표 없이 하루하루를 살아가고 있는 제 자신이 너무 부끄러웠습니다. 지금부터라도 크게 로드맵을 그려 목표를 세우고 하나하나 도전을 하기로 했습니다.

'시작이 반'이라죠. 흐지부지하게 미루고만 있던 일들을 이젠 기록으로 남겨 마무리를 지어야겠습니다. 우선 짧게 6개월로는 급작스럽게 찐 살을 동생에게 도움을 요청하여 얻어 군살 없는 건강한 몸으로 만드는 것. 두 번째 1년 계획으로 1년 동안 100권의 책을 읽기로 목표를 두었습니다. 그리고 누가 보진 않더라도 개인 블로그에 기록을 남기려 합니다. 역산 스케줄링이라 책에서 습득한 것을 활용해보기로 했습니다. 배운 것을 생활에서 활용하고 그것을 제 것으로 습관화할 때까지 실패를 무진장 하겠지만 우선 설정한 목표를 이룰 때까지 도전해보려 합니다.

대표님 감사합니다. 책이 좋다는 것을 알면서도 그동안 혼자 바쁘다는 핑계로 너무 멀리했던 자신이 부끄럽습니다. 자신에게 주어진 자리에서 항상 최선을 다하시는 대표님을 독서 멘토로 삼고 열심히 책을 읽기로 다짐했습니다. 파이팅입니다!

－Y님

현실이 견딜 만하기에 변화를 실천하지 않는다는 말이 너무 공감되었습니다. 변화와 성공을 위한 절실한 이유를 찾아보고 작은 실천부터 시작해야겠습니다. 좋은 책 감사합니다. 행복한 하루 되세요.

-C님

『실행이 답이다』 책 읽은 독후감 제출합니다. 책을 다 읽은 후 2가지 생각이 떠올랐습니다. 첫 번째로 이원희 대표님께서 진행해주시는 북새통 덕분에 무심결에 잊고 지나칠 뻔했던 새로운 생각의 세계들이 내 삶을 점검하고 방향을 설정해주고 있다는 생각이 들었습니다. 두 번째는 센터장님이 출근하는 직원들에게 비타민과 박카스를 나눠주며 맞이해 주시는 모습에서 직원과 함께하고자 마음이 보여서 의외의 감동의 실행을 받았던 생각이 스쳐 지나갔습니다.

실행이 답이다! 그 제목만으로도 그 힘이 확고부동한 정답으로 팍팍 느껴졌습니다. 내 삶의 방향이 헤맬 때 다시 읽어보는 지침서로 영원히 간직하고픈 책입니다. 책 말미에 나오는 "퇴로를 차단하라.", "딴생각을 할 수 없다."라는 글귀를 되새기며 고비를 넘겨보렵니다.

-K님

『실행이 답이다』 한 줄 평입니다. 일요일을 힘차게 시작하고 월요일로 이어지는 마인드로 접목하였습니다. 생활 속에서 힘에 부치거나 힘들 때 반어적인 유머로 승화해 '난 왜 이리 못하는 게 없는 거지?' 하며 뻥치듯 활용하는 것이 나름의 스트레스 해소방법이었는데, 자기규정효과 대목에서 번뜩 생각이 달라지더군요. 이제 인생시계 12시라 하셨으니 오후 일정 잘 관리하여 인생농사에서 수확할 결실의 결과를 바꿔보려 합니다. 이제 유월이네요. 하나! 둘! 아자! 제 글을 다시 생각해 챙겨주시고 영광입니다. 유월부터 어제와 달라진 저를 늘 확인하고 있습니다. 감사합니다.

- C 님

《프라임경제》에 소개된 기사

"아들이 복싱을 시작하겠다고 해서 심하게 반대를 했습니다. 그런데 그 무렵 북새통을 통해 읽기 시작한 『뜨거운 관심』이란 책을 접하게 됐죠. 아들이 꿈을 찾는 과정을 엄마가 지원하는 내용이었어요. 책을 접하고 아들의 꿈을 응원한 결과, 아들은 신인왕이 됐어요. 이제는 아들에 대한 믿음이 생겼답니다." – KHJ(CJ텔레닉스 상담사)

「북Book 새새로운 통通」 제도는 CJ텔레닉스(대표 이원희)에서 진행하는 독특한 문화지원제도로, CJ텔레닉스 전 구성원은 매월 1권 이상의 책을 읽고 구성원 간 독서토론회를 전개 중이다. 감정노동으로 대표되는 콜센터 상담사들(이하 SC)의 안정적인 조기정착을 위해 시작된 소통의 시간이었지만 시행 1년이 지난 현재, 소통은 물론 SC의 긍정적 사고방식 전환과 성장을 위한 주춧돌로 자리매김했다. 이처럼 책을 통해 소통하고 성장하며 도전 중인 CJ텔레닉스를 찾아가 한 권의 책이 주는 '변화의 힘'에 대해 알아봤다.

◆ CJ텔레닉스의 경영철학 '현장소통'

　　　북새통은 경영의 본질은 '사람'에 있다는 이원희 CJ텔레닉스 대표의 경영철학에서부터 비롯됐다. 이에 대해 이 대표는 "현장 중심의 조직, 고객 중심의 조직, 격이 다른 품격 있는 조직의 중심에는 사람이 있다."라며 "구성원이 존중받고 인정받을 때 최선을 다하게 되고, 그 결과는 회사의 성과로 직결된다."라고 말한다. 더불어 그는 "자신이 수행하는 업무에 의미와 가치를 두고 스스로 자신에 대한 가치를 발견할 수 있는 조직을 구현해 그 안에서 꿈을 꾸고 도전할 수 있도록 현장경영과 소통경영을 실천하고자 북새통 제도를 시작하게 됐다."라고 제언한다.

　　현장경영을 강조하는 이 대표는 실제 SC와의 만남도 매월 실시하고 있다. 지난해에는 1,300여 명의 SC와 식사를 하며 소통의 시간을 보냈다. 올해에도 한 달 평균 100여 명의 SC와의 만남으로 매일 바쁜 일정을 보내고 있다. 형식적인 만남이 아닌 직접 SC의 고충과 개선방안을 경청하며 그들의 입장에서 이해하고 개선방안을 찾아 도입해 적용한다. 철저한 현장경영 방침은 그간 알지 못했던 SC의 마음을 이해하는 데 크게 도움이 됐다는 게 이 대표의 설명이다.

이곳을 찾은 때에도 이 대표는 SC와의 미팅을 앞두고 빽빽하게 SC 들의 이름과 특징이 적힌 메모를 보며 상담사 익히기에 한창이었다. 미팅에 나온 SC들의 이름을 모두 불러주고 개개인의 특징을 외워 잊어버리지 않도록 하기 위해서였다.

◆ 책 통해 업무능력 향상·삶의 지혜 터득

북새통은 경영진과 센터장이 참여하는 경영북새통, 센터장과 파트리더 간 센터장 북새통, 파트리더와 상담사가 중심이 되는 SC북새통으로 구분된다. 다양한 북새통 제도는 매월 전사적으로 이뤄지는데 북새통이 기반인 경영진과 신입SC 간 소통채널 'Rookie 북새통'과 최고경영자CEO가 주도하는 'SC 경영특강', 'CEO 톡톡' 등도 정기적으로 실시된다.

특히 SC 입사 후 1년까지는 업무 이해를 비롯, 조직적응력 배양을 위한 집중관리가 필요한 시기인 만큼 Rookie 북새통으로 신입기간 내 북새통을 정례화해 상하좌우 간 소통의 기회를 만든다.

지금은 회사발전의 모멘텀이 된 북새통이지만 첫 시행 당시 모두 찬성한 것은 아니었다. 바쁜 업무와 스트레스 탓에 여유가 없다고 생각한 SC들이 많았기 때문이다. 그러나 전사적으로 시작된 북새통은 처음에는 힘들었던 독서를 이제는 주말에도 책을 읽게 만들었다. 아울러 북새통을 통해 접하게 될 도서에 대한 기대감도 생겨났다.

이 업체 선혜민 SC는 "북새통을 1년 정도 경험한 후 짜증내고 툴툴거리던 습관이 의도하지 않았음에도 긍정적으로 변했다."라며 "이런 변화에 따라 고객의 마음을 이해하게 되고 일의 능률도 오르기 시작했다."라고 털어놨다. 또 "직장과 가정생활을 병행하며 시부모와 마찰이 있었는데 해결방법을 찾지 못하고 고민하던 중 『울림』이란 북새통 추천도서를 접하게 됐다."라며 "무심코 접하게 된 책 내용에 내 상황을 접목했더니 큰 도움이 됐다."라고 회상했다.

이처럼 북새통은 소통을 통한 이해를 골자로 시작했지만, 책이 주는 효과는 상당했다. 책을 통해 업무뿐 아니라 개인이 겪는 문제에 대한 해결책까지 얻을 수 있었기 때문이다.

◆ 스스로 성장 이뤄 도전정신 함양

지난해 11월부터 진행된 북새통은 현재 30권 정도의 도서를 전 직원이 읽게 했으며 책에 대한 토론을 진행하면서 동료에 대해 알지 못했던 부분을 알게 되는 계기도 생겼다. 특히 동료들의 꿈까지 알게 됨은 물론, 목표가 없던 동료가 꿈을 찾게 되면서 북새통은 더욱 활기를 더하고 있다.

이에 이 대표는 "북새통의 근본취지가 책을 통해 자신을 알아가는 과정이었다면, 2단계는 소통과 도전을 통해 '성장'하는 단계"라며 "지금보다 성장한 자신의 가치를 매겨놓고 성장하는 발판으로 마련하고자 한다."라고 설명했다. 이런 가운데 최근 한 SC의 경우도 북새통을 시작한 뒤 꿈을 찾아 이직을 결심했다는 전언도 들을 수 있었다.

배수진 CS텔레닉스 인사팀 과장은 "이직을 결심한 직원이 상담사를 벗어나 꿈을 찾아 떠나겠다고 해 흔쾌히 보내준 기억이 있다."라며 "회사 입장에서는 이직을 막아야 하는 입장이지만 개인의 성장과 도전을 응원하고 싶다."라고 힘줘 말했다. 여기에 더해 "CJ텔레닉스의 북새통의 영역을 더욱 확대해 더 많은 SC와 직원들이 책을 통한 소통의 시간을 갖길 바란다."라며 "올해는 책을 통해 도전하는 북새통으로 전개할 예정"이라고 첨언했다.

추민선 기자 cms@newsprime.co.kr

〈저작권자 프라임경제 ⓒ 무단전재 및 재배포금지〉

세상의 주인공, 나도 될 수 있습니다!
우리 모두가 주인공이 될 수 있다면
세상은 더욱 아름다워지지 않을까요?

도서출판 행복에너지 대표이사,
대통령직속 지역발전위원회 문화복지 전문위원
권선복

　세상을 살아가는 우리 모두의 마음속에는 사람들에게 인정받고 싶은 욕구가 자리 잡고 있습니다. 이것은 역사를 통틀어서 어느 시대에서든지 공통적으로 나타났던 모습입니다. 하지만 21세기는 이전과는 비교도 되지 않을 정도로 변화가 가속화된 시대입니다. 스스로 변화하지 않으면 곧바로 도태되는 무한경쟁시대가 도래한 셈입니다. 즉, 자기 자신이 주인공이 되어 스스로의 인생을 경영해야 하는 것입니다.

CJ텔레닉스 대표이사로 재직한 바 있는 이원희 저자는 직장생활 30년차 베테랑입니다. 그동안 저자는 사회가 만들어놓은 껍질 속에서 무기력하게 살아가는 사람들을 보면서 한 가지 비전을 품게 되었습니다. 구성원 모두가 세상의 기준에 흔들리지 않고 끊임없이 도전하여 주인공이 될 수 있도록 만들어주는 조직을 저자는 항상 꿈꾸어 왔습니다. 수많은 조직들이 일과 돈으로만 사람의 가치를 판단하는 세상 속에서 사람 중심의 경영을 외치는 저자의 마인드는 너무나도 인상 깊게 다가옵니다. 우리 모두가 주인공이 될 수 있다면 세상은 더욱 아름다워지지 않을까요?

『주인공 빅뱅』은 모든 사람들이 세상의 주인공이 될 수 있도록 격려하는 마음을 담은 책입니다. 특히 많은 직원들에게 용기를 북돋아주고 의식을 성장시켜주었던 '북새통 경영'의 사례도 함께 다루고 있는 부분이 흥미롭습니다. 무엇보다 저자는 독서를 통해 스스로 변화하는 것이 자신을 세상의 주인공으로 만드는 가장 좋은 방법임을 강조합니다. 책을 통해 참된 나 자신을 바로 볼 수 있기 때문입니다. 바로 이 책이 주인공 경영의 불씨가 되기를 기대해보며 모든 독자들의 삶에 행복과 긍정의 에너지가 팡팡팡 샘솟기를 기원드립니다.

Happy Energy books 좋은 원고나 출판 기획이 있으신 분은 언제든지 **행복에너지**의 문을 두드려 주시기 바랍니다.

ksbdata@hanmail.net   www.happybook.or.kr   단체구입문의 ☎ 010-3267-6277

 행복에너지

하루 5분나를 바꾸는 긍정훈련
행복에너지

‘긍정훈련’당신의 삶을
행복으로 인도할
최고의, 최후의‘멘토’

‘행복에너지
권선복 대표이사’가 전하는
행복과 긍정의 에너지,
그 삶의 이야기!

권선복

도서출판 행복에너지 대표
지에스데이타(주) 대표이사
대통령직속 지역발전위원회
문화복지 전문위원
새마을문고 서울시 강서구 회장
전: 팔팔컴퓨터 전산학원장
전: 강서구의회(도시건설위원장)
아주대학교 공공정책대학원 졸업
충남 논산 출생

인터파크
자기계발 분야 주간
베스트 1위

권선복 지음 | 15,000원

책『하루 5분, 나를 바꾸는 긍정훈련 - 행복에너지』는 ‘긍정훈련’ 과정을 통해 삶을
업그레이드하고 행복을 찾아 나설 것을 독자에게 독려한다.
긍정훈련 과정은[예행연습] [워밍업] [실전] [강화] [숨고르기] [마무리] 등
총 6단계로 나뉘어 각 단계별 사례를 바탕으로 독자 스스로가 느끼고 배운 것을
직접 실천할 수 있게 하는 데 그 목적을 두고 있다.
그동안 우리가 숱하게 ‘긍정하는 방법’에 대해 배워왔으면서도 정작 삶에 적용시키
지 못했던 것은, 머리로만 이해하고 실천으로는 옮기지 않았기 때문이다. 이제 삶
을 행복하고 아름답게 가꿀 긍정과의 여정, 그 시작을 책과 함께해 보자.

『하루 5분, 나를 바꾸는 긍정훈련 - 행복에너지』

**“좋은 책을
만들어드립니다”**
저자의 의도 최대한 반영!
전문 인력의 축적된 노하우를
통한 제작!
다양한 마케팅 및 광고 지원!

최초 기획부터 출간에 이르기까지, 보도
자료 배포부터 판매 유통까지! 확실히
책임져 드리고 있습니다. 좋은 원고나
기획이 있으신 분, 블로그나 카페에 좋은
글이 있는 분들은 언제든지 도서출판
행복에너지의 문을 두드려 주십시오!
좋은 책을 만들어 드리겠습니다.

| 출간도서종류 |
시·수필·소설·자기계발·
일반실용서·인문교양서·평전·칼럼·
여행기·회고록·교본·경제·경영 출

도서
출판 **행복에너지**
www.happybook.or.kr
☎ 010-3267-6277
e-mail. ksbdata@daum.net